ANDREAS DROUVE
DIE WUNDER DES HEILIGEN JAKOBUS

Legenden vom Jakobsweg

HERDER

FREIBURG · BASEL · WIEN

Alle Rechte vorbehalten
© Verlag Herder Freiburg im Breisgau 2007
www.herder.de

Umschlagmotiv und -gestaltung:
Finken & Bumiller, Stuttgart
Innengestaltung:
Weiß – Grafik und Buchgestaltung
Druck und Bindung:
fgb · freiburger graphische betriebe
www.fgb.de

Gedruckt auf umweltfreundlichem,
chlorfrei gebleichtem, säurefreiem Papier
Printed in Germany
ISBN 978-3-451-29359-7

INHALTSVERZEICHNIS

VORWORT

Liebe Leserinnen, liebe Leser,

finden Sie nicht, dass die Welt ohne Wunder ärmer wäre, ganz gleich, ob man ihnen Glauben schenkt oder nicht? In unzähligen Versionen hat der Volksmund die Mirakel um den heiligen Jakobus durch die Jahrhunderte hin überliefert und die Pilger bis heute beflügelt, auf dem Jakobsweg gen Santiago de Compostela zu ziehen. Viele der legendären Stoffe leben in Skulpturen und Reliefs, auf Kirchenfenstern und Altären, aber auch in Bräuchen fort. Das ins Hühnerwunder verwandelte Galgenmirakel ist im Jakobswegstädtchen Santo Domingo de la Calzada gar mit einem kirchlichen Stall für das liebe Federvieh greifbar. Und die Kinder von Lleida erinnern jedes Jahr am Vorabend des Jakobustages mit einem Laternenumzug an die unermüdliche Wanderschaft des Jakobus und eine Episode, bei der sich ein Stachel in den Fuß des Heiligen bohrte und ein Engel hinabschwebte, um ihm zu leuchten.

Der Jakobsweg beginnt im Herzen eines jeden Einzelnen, die Route vor der eigenen Haustür und selbst die längste Strecke mit dem ersten Schritt. Doch ist es nicht gerade das Geflecht der alten Überlieferungen, das nüchterne Daten und Fakten überlagert hat, die Neugier weckt und zum Aufbruch anspornt? Ohne Wunder sind der Ursprung des Jakobsweges und der Aufstieg von Santiago de Compostela zu einem der wichtigsten Wallfahrtsziele der Christenheit nicht begreiflich. Ohne

Wunder würden uns Bilder von der Figur des Jakobus fehlen, der Karl dem Großen im Traum vom
Sternenweg erschien, in den Bergen zwischen Logroño und Burgos ein Kind zum Leben erweckte
und in der Basilika von Santiago die verkrüppelten Beine eines Gebrechlichen streckte. Unter dem
Einfluss biblischer Motive wurden solcherlei Mirakel im Mittelalter in der *Legenda aurea* des Jacobus de Voragine und der *Historia Compostelana*
aufgezeichnet. Eine besondere Rolle kam dem

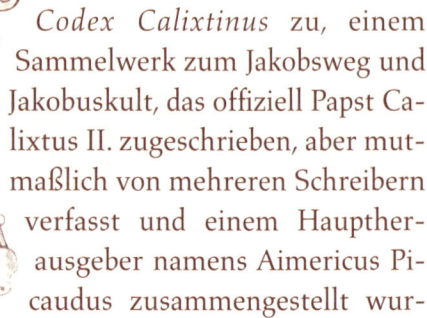

Codex Calixtinus zu, einem Sammelwerk zum Jakobsweg und Jakobuskult, das offiziell Papst Calixtus II. zugeschrieben, aber mutmaßlich von mehreren Schreibern verfasst und einem Hauptherausgeber namens Aimericus Picaudus zusammengestellt wurde. In der Wortwahl jener Zeit brachte der Codex Absicht und Anspruch der vereinten Mirakel zum Ausdruck:

«Es ist von äußerster Wichtigkeit, die Wunder des heiligen Jakobus schriftlich niederzulegen und im Gedächtnis an unseren Herrn Jesus Christus in ewiger Erinnerung zu behalten. Wenn die Beispiele der Heiligen von großen Kennern erzählt werden, werden die Herzen der Hörer andächtig zur Liebe und zur Wonne des himmlischen Reiches emporsteigen.»

Welche Intentionen sich hinter den verbreiteten Wundergeschichten verbergen, ist im Einzelnen nicht immer ergründbar. Sicher wurde Jakobus zu Zeiten der Reconquista, der christlichen Rückeroberung Spaniens nach dem Einfall der «Muselmanen», in der Gestalt des *Matamoros*, des «Maurentöters», machtpolitisch missbraucht.

Sicher schwang auch mit, die Kirchensäckel am Zielort gut gefüllt zu halten. Erst nachdem man eiligst die für die Santiago-Basilika bestimmten Münzen eingesammelt hatte, erschien Jakobus und rettete ein Schiff aus Seenot, heißt es in einer Geschichte aus dem *Codex Calixtinus*. In anderen Überlieferungen gibt Karl der Große ein vorbildliches Beispiel ab, indem er mit all dem Gold, das ihm während seiner Spanien-Feldzüge zuteil wurde, die Basilika von Santiago reich ausstattete …

Mirakel haben stets dazu gedient, die Wallfahrten zum Grab des Jakobus zu fördern und den Glauben der Menschen in den Heiligen zu stärken. Wie kam es, dass der unerbittliche maurische Feldherr Almanzor das Apostelgrab verschonte und Jakobus den Teufeln einmal einen unkeuschen Sünder entriss? Ging es mit rechten Dingen zu, als ein unschuldig Erhängter wochenlang am Strang überlebte? Warum traf ein in den Pyrenäen verstorbener Pilger schneller in Santiago de Compostela ein als die lebendigen Gefährten? Antwort geben die hier versammelten Mirakel, die in insgesamt fünf Motivkreisen das wundersame Wirken des Jakobus beleuchten, beginnend mit der Spanienmission, seiner Rückkehr in die Heimat und seinem Martyrium. Wir erfahren, wo Jakobus in *Hispania* angekommen und gepredigt haben soll, wieso Maria dem verzweifelten Heiligen zu Hilfe eilte und wie er kurz vor seinem Tod den Zauberer Hermogenes und den Schriftgelehrten Josias bekehrte. Die Erzählungen reihen sich im im chronologischen Fortlauf um die Ankunft des Leichnams in Galicien, den wundersamen Grabesfund in Santiago de Compostela und die Erscheinungen des Heiligen am Jakobsweg. Eigens kenntlich gemachte Zwischenseiten und -abschnitte vertiefen das Erzählte mit Informationen zum historischen Hintergrund, zu Bauwerken und Brauchtum.

In Händen halten Sie einen Band, der erstmals die schönsten Wunder- und Wegegeschichten um die Figur des Jakobus vereint. Aus diesen Geschichten ist Geschichte erwachsen und die eigentliche Faszination des Jakobswegs ...

Viel Freude bei der Lektüre und einen
«guten Weg» auf allen Pfaden wünscht Ihnen

Andreas Drouve

I. WIE DER HEILIGE JAKOBUS DURCH SPANIEN ZOG UND DER TRÖSTUNGEN MARIENS BEDURFTE

«Kommt, mir nach, und ich will euch zu Menschenfischern machen», sagt Jesus bei der Berufung der vier ersten Jünger, die allesamt Fischer am See Gennesaret sind (Matthäus 4,18–22). Petrus und Andreas, Johannes und Jakobus, die beiden Brüderpaare, zählen von Beginn an zum engsten Apostelkreis. Ihr aufbrausender Charakter macht Jakobus und Johannes zu «Donnersöhnen» (Markus 3,17), ein Wesenszug, den die mittelalterliche Legenda aurea verstärkt. Man nenne ihn Sohn des Donners, schreibt Jacobus de Voragine über «Sanct Jacobus den Großen», wegen der Gewalt seiner tönenden Predigt, die die Bösen erschrecke, die Trägen aufwecke und durch ihre große Tiefe alle zur Bewunderung zwinge. Damit hat er auf der Iberischen Halbinsel, wohin ihn das vorbestimmte Schicksal führt, allerdings wenig

Erfolg. Nach seiner Ankunft im südspanischen Cartagena schlägt ihm überall Missgunst entgegen, kaum jemand will seine Predigten hören. Maria macht sich auf den Weg zu Jakobus und muntert ihn auf. Einmal kommt sie auf einem Steinboot, ein anderes Mal schwebt sie, von Engeln begleitet, auf einer Wolke heran und spricht ihm von einer Säule aus Mut zu ...

DIE LANGEN WEGE DURCH DIE FREMDE

Gehet hin in alle Welt und verkündet die Heilsbotschaft allen Geschöpfen. Wer glaubt und sich taufen lässt, wird gerettet werden. Wer aber nicht glaubt, wird verdammt werden.» Den Verkündigungsauftrag des auferstandenen Jesus nahm sich Jakobus zu Herzen und säte die Worte Gottes in Judäa und Samaria. Dann schiffte er sich in Joppe ein und begab sich auf lange Fahrt. Es war ein Hochsommertag, als das Boot nach zehrenden Wochen in eine tiefe Bucht des Mittelmeers segelte. Rund um den Einschnitt warfen sich Bergflanken auf, die Erde wirkte kahl und karg. Am Hafen herrschte geschäftiges Treiben. Jakobus stand kurz vor der Ankunft in Nova Carthago, Cartagena, einer alten Siedlung der Karthager, die längst in die Hände der Römer übergegangen war. Am Ende der Bucht hielt das Boot nicht auf die Hauptmolen zu, sondern auf die Ostseite mit einem Strand, dem man später den Namen Santa Lucía gab. Jakobus stieg von Bord und watete durch das Wasser. Endlich war er in Hispania angelangt, der Iberischen Halbinsel, auf die später auch Paulus zu reisen gedachte.

Jakobus beobachtete die Fischer, die mühsam ihre Netze einholten, und fühlte sich an seine Herkunft erinnert, seine Heimat, den See Gennesaret. Ein Mädchen kam und schenkte ihm einen Fisch. Am Tag darauf strich der Apostel erwartungsvoll durch Nova Carthago, machte sich mit Molen und Märkten vertraut, den Straßen und Plätzen. Er sah umtriebige Händler, Sklaven, die Ein- und Ausfahrt der Boote, die Tempel und Mauern. Der Heilige spürte indes, dass viele einen großen Bogen um ihn schlugen, ihm von Beginn an mit Misstrauen und Ignoranz begegneten. Die Menschen schienen wie ein Spiegel der abweisend schroffen Landschaft. Jakobus blieb nicht lange in Cartagena. Er schloss sich einem Händlerzug ins heutige Granada an.

In Granada fühlte er sich ebenso wenig willkommen wie in Nova Carthago. Kaum jemand schenkte ihm Gehör, um von Christus zu erfahren. Kaum jemand unterbrach seine Tätigkeit, um seinen Reden von Güte und Nächstenliebe zu lauschen. Über Nacht zog sich Jakobus an die Abhänge eines nahen Hügels zurück, den «Heiligen Berg» Sacromonte, wo ihm Höhlen willkommenen Unterschlupf boten. Hier schöpfte er neue Kraft aus der Ruhe und aus Gebeten. Über Tag predigte er unablässig weiter, doch spürte er seine Worte nutzlos verhallen.

Jakobus brach erneut auf und bewegte sich auf dem gut ausgebauten römischen Straßennetz fort. Über Itálica, Mérida, Coimbra und Braga gelangte er im Nordwesteck der Iberischen Halbinsel in eine Siedlung namens Iria Flavia. Ob er eine düstere Vorahnung spürte, dass er Jahre später als Toter in diese Gegend Galiciens zurückkommen würde? Bei Iria Flavia stieg er eine Anhöhe hinauf, später als Santiaguiño do Monte bekannt, die mit klobigen Felsbrocken übersät war und von den Altvordern für Fruchtbarkeitsriten genutzt wurde. Jakobus stellte sich gut sichtbar auf einen der Felsen und hielt eine wortgewaltige Predigt, die einige Leute zumindest für kurze Zeit aufhorchen ließ,

ehe sie sich wieder ihrer
Feldarbeit zuwandten.
Nicht anders verhielt es
sich mit den Fischern
an den Stränden auf
dem Weg zum Kap
Finisterre, dem «En-
de der Welt». Lei-
denschaftlich ver-
kündete Jakobus das
Evangelium, aber
kaum jemand dankte
ihm mit Aufmerksamkeit.
    Nagende   Zweifel
machten sich in Jako-
bus breit. Er wan-
derte weiter und
rastete eines Mit-
tags nahe dem

Auslauf einer Bucht. Verloren sank er auf eine Felsplatte, sah aufs Meer hinaus und verfolgte das Spiel der Wellen. Plötzlich wurde er ein Schiff gewahr, das genau auf seinen Platz zusteuerte. Jakobus erhob sich, kniff die Augen zusammen und konnte kaum glauben, was er sah. Es war ein Boot aus Stein, gesteuert von Engeln und mittendrin eine Lichtgestalt, die niemand anders sein konnte als die heilige Jungfrau und Gottesmutter Maria.

«Zweifle nicht», sprach Maria zu Jakobus, nachdem das Boot gut angelandet war, und beschwor ihn: «Halte an deinem Auftrag fest. Du wirst sehen, dass früher oder später alles gut wird.»

Maria verschwand, das Boot zerbrach in drei große Teile. Jakobus blieb in der Einsamkeit zurück, die ihm nun weit weniger trostlos vorkam. Er fasste neuen Mut, setzte seine Missionsmühen fort und kam in ein Dorf, das man heute A Fonsagrada nennt. Hier fand er Aufnahme bei einer Frau, die in bitterer Armut lebte. Sie war Witwe und wusste Tag für Tag nicht, wie sie ihre Kinder satt bekommen sollte. Aus Dank für die Gastfreundschaft verwandelte Jakobus das Wasser der Quelle vor der Hütte in frische Milch für ihre Kinder. Dann zog er weiter.

DER SCHMERZENDE
DORN UND DER ENGEL

Jakobus war weiterhin wenig Glück beschieden, als er in *Hispania* die Worte Gottes verkündete. Auf einen kräftigen Stab gestützt, wanderte er unermüdlich und unter großen Entbehrungen umher. Eines Tages kam er zurück an die Mittelmeerküste und erreichte eine Stadt namens Barcino, Barcelona. Auf einem winzigen Hügel scharte er einige Zuhörer um sich, griff einen Kiefernzweig und brach ihn in zwei Stücke. Die Äste band er so zusammen, dass sie ein Kreuz formten, kniete sich ehrfürchtig nieder und schaute zum Himmel empor. Er erzählte ihnen von Jesus, der gekreuzigt und auferstanden war, von seinem Vermächtnis, seiner Lehre, vom neuen Glauben. Unter den Umstehenden machte sich allerdings nur Unverständnis breit. Ähnlich erging es ihm andernorts.

«Geh nach Ilerda», riet ihm eines Tages ein Mann. «Ilerda ist auch eine große Stadt. Vielleicht hast du dort mehr Glück.»

Jakobus folgte dem Rat und schlug über Marto-

rell und Cervera den Weg nach Ilerda, dem heutigen Lleida, ein. Er nahm sich kaum Zeit für eine
Rast und wanderte selbst in mancher Nacht. Mit-
unter half ihm das fahle Mondlicht, den Weg zu
finden, dann wieder konnte er in der Dunkelheit
kaum die Hand vor Augen erkennen. So kam es,
dass er unterwegs einen Dornbusch übersah und
plötzlich einen stechenden Schmerz im Fuß verspürte.

«Nichts weiter als ein Stachel», dachte er, «das
werde ich mir in Ilerda ansehen. Es kann nicht
mehr weit sein.»

Er hörte das Rau-
schen eines nahen
Flusses, den man heute
Segre nennt, und glaub-
te bereits die Konturen
der Stadtmauern zu se-
hen. Jakobus biss die
Zähne zusammen und
hielt kurz darauf inne.
Die Schmerzen waren
zu stark. Er legte den
Stock auf den Boden
und setzte sich auf ei-
nen Baumstrunk.

Dann zog er die Sandale aus und betastete seinen Fuß, konnte aber kaum etwas sehen. Unter seinen Händen quoll eine warme Flüssigkeit hervor, darunter steckte ein Stachel. Mit spitzen Fingern machte sich Jakobus an der Verletzung zu schaffen. Er drückte und zog, er bohrte und bewegte das Fleisch hin und her. Nichts tat sich. Der Dorn steckte zu tief in der Haut. Hilflos blickte er um sich.

«Wie soll ich meine Mission fortsetzen, wenn ich nicht weitergehen kann?», fragte sich leise Jakobus.

Im selben Augenblick bemerkte er ein Licht. Jakobus spürte nicht die geringste Furcht, ganz im Gegenteil, ihm war, als legte sich ein Mantel der Barmherzigkeit um ihn. Der Lichtschein kam geradewegs auf ihn zu, dahinter sah er das Gesicht einer kleinen Gestalt. Es war ein Engel, der eine Laterne in Händen hielt.

«Ich bin gekommen, dir zu helfen», sagte der Engel, stellte sich vor Jakobus und leuchtete ihm.

Der Apostel beugte sein Gesicht über den Fuß, sah das Blut und die Wunde. Vorsichtig zog er den langen Stachel heraus. Das Licht verlosch. Als er aufblickte, war auch der Engel verschwunden.

«Welch eine wundersame Begegnung», dachte er, «wie gerne hätte ich mich bedankt.»

Jakobus schnürte die Sandale zu, erhob sich und trat mit dem Fuß auf. Er spürte keinen Schmerz mehr. Dann setzte er den Weg nach Ilerda fort.

✳   *In Lleida, am Jakobsweg durch Katalonien gelegen, erinnert man sich alljährlich am 24. Juli, genauer: dem Vorabend des Jakobustages, an die wundersame Begebenheit um den Dorn und den Engel: mit* Els Fanalets de Sant Jaume, *einem Laternenumzug durch die Altstadt, an dem zahlreiche Kinder teilnehmen.*

JAKOBUS
UND DIE
SÄULENJUNGFRAU

Bedrückt und müde stand Jakobus eines Wintertags vor den Toren von Caesaraugusta, einer Stadt an einem großen Strom, dem heutigen Zaragoza am Río Ebro. Wie zu seinen Anfangszeiten in *Hispania*, so trug er schwer daran, dass die Menschen sich bei seinen Predigten teilnahmslos abwandten oder gar nicht erst hingingen. Abermals und abermals hatten sich die Ereignisse wiederholt. Ebenso oft umkreisten seine Gedanken den scheinbaren Misserfolg seiner Mission. In Caesaraugusta angekommen, ließ sich Jakobus in der Nähe des Flusses nieder und gab sich seinen Zweifeln hin. Es war ein kalter Tag, doch nicht nur deshalb fröstelte ihn.

«Was habe ich bislang bewirkt?», fragte er sich. «Und was werde ich in Zukunft ausrichten können? Macht alles überhaupt noch Sinn?»

Im selben Augenblick riss ihn ein Lichterglanz aus der Selbstversunkenheit. Ihm schien, als würde der Himmel auf ihn stürzen. Ein warmes Leuchten erfüllte die eisige Luft. Jakobus schaute auf und erblickte Maria, die heilige Mutter Gottes, inmitten eines gleißenden Strahlenkranzes. Langsam schwebte sie auf einer Wolke zu ihm hinab, getragen von Engeln. Zwei andere Engel hielten eine Säule in Händen und stellten sie vor dem Apostel auf. Ergeben kniete sich Jakobus nieder, als die Engel Maria behutsam hoch oben auf der Säule absetzten. Dann vernahm er ihre tröstenden Worte:

«Es gibt keinen Grund zu wanken und zu zweifeln. Glaube an dich und dein Werk und glaube an die anderen. Werde nicht müde, die Worte des Herrn zu verkünden. Bedenke, dass nichts vergebens ist.»

Überwältigt verharrte Jakobus vor der Säule. Mehr als die Kälte ließ ihn das Wunder des Augenblicks zittern. Tränen traten ihm in die Augen.

«Dort, wo du die meisten Menschen von deiner Botschaft überzeugst», fuhr Maria fort, «dort errichte mir zu Ehren ein Heiligtum.»

Maria und die Engel entschwanden. Zurück blieb die Säule.

Jakobus fühlte sich beflügelt wie niemals zuvor und ging mit frischem Eifer ans Werk. In Caesaraugusta glückte es ihm tatsächlich, mehr Anhänger als andernorts für den neuen Glauben zu gewinnen. Am Ort der Erscheinung begründete er eine kleine Kapelle, die erste auf spanischem Boden und das erste Marienheiligtum der Christenheit, so sagt man. Der Kirchbau bekam den Namen *Nuestra Señora del Pilar*, «Unsere liebe Frau von der Säule».

✳ *In verschiedenen Kirchen am Jakobsweg wird die Episode um die Säulenjungfrau wiedergegeben. In Puente la Reina zeigt eine reliefartige Bildtafel im Hauptretabel der Jakobuskirche, Iglesia de Santiago, den Heiligen als Pilger und über ihm zwei Gruppen von Engeln; die einen schweben mit der heiligen Maria nieder, die anderen mit der Säule. In der Kathedrale von Burgos führt uns der Weg in die Kapelle der* Immaculada Concepción, *der «Unbefleckten Empfängnis», wo ein kleines Skulpturenensemble Maria auf der Säule und einen zutiefst ergebenen Jakobus zeigt, der mit der linken Hand an sein Herz greift.*

✳ SPURENSUCHE

Das Gedächtnis an die lange Mission des Jakobus hält sich in Spanien auf vielfältig greifbare Weise wach. In der Mittelmeerstadt Cartagena, wo sich die Ankunft des Apostels in Spanien ereignet haben soll, führt der Weg ins Viertel Santa Lucía. Dort findet man das nach Jakobus benannte Hafenbecken (Dársena de Santiago Apóstol), die Jakobuskirche samt Kachelmosaik des Heiligen an der Fassade sowie ein modernes, großformatiges Wandkachelbild.

Padrón, das einstige Iria Flavia, liegt etwa zwanzig Kilometer südwestlich von Santiago de Compostela am «Portugiesischen Pilgerweg», der über die Bischofsstadt Tui galicischen Boden erreicht. In unmittelbarer Nachbarschaft von Padrón ist mit Santiaguiño do Monte jener Platz zu finden, wo Jakobus gepredigt haben soll. Daran erinnern die Jakobuskapelle, ein hoch aufgerissenes Kreuz und eine Jakobusskulptur zwischen den Felsen.

Jene Stelle, an der Maria der Legende nach in einem Steinboot eintraf und Jakobus Mut zusprach, liegt im Nordwesten Galiciens nahe dem Hafenörtchen Muxía. Über dem Anlandeplatz erhebt sich heute ein bekanntes Marienheiligtum, das auf Galicisch den Namen Virxe da Barca, «Jung-

frau vom Boot», trägt und zum sogenannten «Pilger-
weg von Fisterra-Muxía» gehört. Die Volkslegende
deutet die umliegenden Steingebilde als Bestandteile
des in drei Teile zerbrochenen Marienschiffes. Dem-
zufolge ist die Felsformation Pedra dos Cadrís das
eigentliche Boot, die Pedra de Abalar das Segel
und die Pedra do Timón das Ruder. Das galicische
A Fonsagrada ist Station am sogenannten «Alten
Pilgerweg», der aus Asturien kommt; in der Orts-
mitte befindet sich die «Heilige Quelle», fons sa-
crata.

Im katalanischen Lleida ist es nicht einzig der La-
ternenumzug am Abend des 24. Juli, der das En-
gelwunder im Gedächtnis hält. An der Carrer
Major, der wichtigsten Altstadtgasse, erhebt sich
eine vergitterte Kapelle, die auf Katalanisch den
Namen Sant Jaume, *«heiliger Jakobus», bezie-*
hungsweise Peu del Romeu, *«Fuß des Pilgers»,*
trägt. Ein Außenrelief zeigt Jakobus mit Stab und
Trinkkürbis. Im Innern veranschaulicht eine mo-
derne Skulptur des Bildhauers Jaume Gort jenen
Moment, in dem der Engel dem heiligen Jakobus
mit der Laterne leuchtet.

Über den Ufern des Ebro in Zaragoza knüpft ein
barocker Bau an den kleinen Kapellenvorläufer
an und hält die Tradition als Marienheiligtum

aufrecht. Es ist die Basílica del Pilar, *die ein weithin verehrtes Bildnis Mariens auf der Säule be-
herbergt. Auch das städtische Patronatsfest am
12. Oktober steht ganz im Zeichen der «Jungfrau
von der Säule». Zaragoza liegt am historischen
Jakobsweg entlang dem Ebro, einer Variante, die
von Katalonien herführte und in Logroño an die
Hauptachse aller Pilgerwege, den «Französischen
Weg», anband.*

II. WIE DER HEILIGE JAKOBUS ZU LEBZEITEN LETZTE WUNDER VOLLBRACHTE UND SEIN MARTYRIUM ERLITT

Auf die wenig erfolgreiche Mission des Jakobus in Spanien folgt seine Rückkehr nach Judäa, wo er in die Fänge des Zauberers Hermogenes gerät. Begleitet von mehreren Wunderzeichen, lässt der Heilige zuerst Hermogenes' Schüler Philetus und dann den Meister selber zum christlichen Glauben übertreten. Selbst die Dämonen vermögen nichts gegen Jakobus auszurichten. Die wundersamen Geschehnisse werden dem Herrscher Herodes Agrippa I. zugetragen, der den Apostel gefangen nehmen lässt. Auf dem Gang zur Richtstätte wirkt dieser letzte Wunder, dann wird er enthauptet. In seiner Legenda aurea *hat Jacobus de Voragine diesem Wunderzyklus großen*

Raum eingeräumt. Am Jakobsweg findet sich der Stoff um die Bekehrungen und das Martyrium im Hauptretabel der Jakobuskirche in Logroño eindrucksvoll umgesetzt. Das Motiv des Jakobus indes, wie er seinen abgetrennten Kopf in Händen hält, ist nichts für zarte Gemüter …

JAKOBUS UND DER ZAUBERER HERMOGENES

N ach langen Jahren der Mission verließ Jakobus Spanien und schiffte sich am Mittelmeer zurück in die Heimat ein. Der Erfolg seines Wirkens war dürftig gewesen, die Zahl seiner Jünger am Ende an kaum zwei Händen abzuzählen. Treu an seiner Seite standen Theodorus und Athanasius. Hinzu kamen die *Siete Varones Apostólicos,* die «Siebenmänner», die in Spanien die Evangelisierung vorantreiben sollten: Caecilius, Eufrasius, Indalecius, Secundus, Tisephonus, Torquatus und Esicius. Einige von ihnen nahm Jakobus mit, um sie weiter zu unterrichten, und verkündete in Judäa erneut den Glauben. Dies kam einem ketzerischen Zauberer zu Ohren, Hermogenes, der seinen Schüler Philetus und einige weitere Gefolgsmänner nach Jakobus aussandte.

«Überführt diesen Mann», wies er sie an, «er verbreitet nichts weiter als Lügen.»

Philetus ging zu Jakobus, der ihm Augen und

Ohren öffnete. Überwältigt von der Ausstrahlung und Wunderkraft des Apostels, kehrte er zu Hermogenes zurück. Voll Freude überbrachte Philetus ihm die frohe Botschaft und wollte auch ihn für die neue Lehre gewinnen:

«Meister, höre, es besteht kein Zweifel, dass Jakobus der Apostel des Jesus von Nazaret war. Er ist ein Diener Gottes, der alle heiligen Schriften auswendig kennt und viele Wunder bewirkt. Ich habe selber gesehen, wie er in Gottes Namen die Teufel aus den Körpern der Besessenen getrieben, Blinde sehend und Aussätzige gesund gemacht hat. Folge meinem Rat, gehe zu ihm und bitte ihn um Verzeihung. Und sei von mir in Kenntnis gesetzt, dass ich mich ihm anschließen werde und ihn bitte, sein Schüler zu sein.»

Hermogenes geriet in hellen Zorn und sprach eine Zauberformel, mit der er die Gliedmaße des Philetus lähmte.

«Nicht einen Schritt wirst du mehr tun», sprach der Meister, lehnte sich selbstgefällig zurück und schloss mit den Worten: «Warten wir ab, was dein Freund Jakobus ausrichten kann, deine Lähmung zu lösen.»

Philetus beorderte rasch seinen Knecht zu Jakobus, um diesem von seiner Not zu berichten. Der

Heilige hörte sich die Kunde an, übergab dem Boten ein Schweißtuch und trug ihm auf: «Lasse Philetus das Tuch berühren und richte ihm aus, er möge sagen: ‹Der Herr richtet all jene auf, die zerschlagen am Boden und löst die, die gebunden sind.›»

In dem Moment, in dem Philetus den Stoff anfasste, erlosch der Zauber.

«Was sind deine Künste, Hermogenes, gegen die meines neuen Herrn?», spottete Philetus und machte sich auf zu Jakobus.

Hermogenes war tief getroffen ob des Hohns und geriet in Raserei. Er schwor bittere Rache und rief die Dämonen herbei. Es waren Gestalten mit teuflischen Fratzen, langen Flügeln und dicken Schwänzen.

«Holt mir die beiden!», tönte er. «Und schafft sie gefesselt vor mich!»

Die bösen Geister schwärmten aus, doch eine unbekannte Glut setzte ihnen zu. Sie flogen aufgebracht hin und her, erlitten schwere Verbrennungen und gelangten zu guter Letzt zu Jakobus.

«Was führt euch zu mir?», fragte Jakobus und tat erstaunt.

«Hermogenes hat uns ausgesandt, dich und Philetus zu greifen», antworteten sie und setzten schmerzerfüllt hinzu: «Dann ist ein Engel aufgetaucht, der hat uns Feuerketten angelegt und großes Leid angetan. Wir bitten dich, habe Gnade mit uns!»

«Ich will dem Engel Gottes Einhalt gebieten», beruhigte Jakobus die Dämonen und trug ihnen auf, Hermogenes in Fesseln zu legen. «Dann bringt ihn zu mir, doch wehe, ihr fügt ihm Schmerzen zu!»

Die bösen Geister taten, wie ihnen geheißen, und sannen auf Strafe für den Zauberer.

«Er ist jener, der uns ins Verderben geschickt hat. Lasse uns mit ihm anrichten, was er verdient, und auch dich rächen», machten sie vor Jakobus geltend.

Der Heilige hielt die Dämonen zurück und wandte sich statt dessen an Philetus:

«Die Menschen müssen verstehen, dass Böses mit Gutem vergolten werden muss, wie es der Herr uns gelehrt hat. Deshalb, Philetus, binde ihn los.»

«Du bist frei», sagte Jakobus zu Hermogenes. «Ziehe, wohin du willst. Niemand soll gegen seinen Willen zur Annahme unseres Glaubens gezwungen werden.»

Verlegen stand der Zauberer da. In seine Scham mischte sich tödliche Furcht.

«Wenn ich gehe, Jakobus, werde ich dem Ingrimm der Dämonen ausgesetzt sein», entgegnete Hermogenes ängstlich. «Sie werden mich richten. Ich bitte dich, gib mir etwas von dir mit, was mich zu schützen vermag.»

«Nimm diesen Stab hier, der mir auf langen Wanderschaften gute Dienste erwiesen hat, und gib Acht», sagte Jakobus und reichte seinem Gegenüber einen Stock, der die Dämonen von ihrem Ansinnen abhielt. Hermogenes, von tiefem Dank erfüllt, stopfte all seine Zauberbücher in Säcke, brachte sie vor den Apostel und bat, sie zu verbrennen. Jakobus, der allzu starken Rauch und Gestank befürchtete, wies ihn an, Blei und Steine in die Säcke zu füllen und die Schriften auf dem Meeresgrund zu versenken.

Hermogenes befolgte den Auftrag, trat erneut vor Jakobus, sank ehrfürchtig nieder und flehte:

«Bitte, Befreier der Seelen, nimm diesen in Ungnade Gefallenen, der seine Taten bereut und vor deinen Füßen kniet, in deine Gemeinschaft auf.»

«Wenn du vor Gott wahre Reue bezeigst, wirst du auch seine wahre Vergebung erhalten», sagte Jakobus und gebot:

«Und nun, Hermogenes, suche die Häuser derjenigen auf, deren Wege zu Gott du versperrt hattest. Lehre sie, dass Wahrheit ist, was du Lüge genannt und Lüge, was du Wahrheit genannt. Zerstöre das Götzenbild, das du angebetet, und verwende die Gelder, die du durch deine bösen Künste eingestrichen hast, für gute Werke!»

Ergeben führte Hermogenes aus, was ihm aufgetragen.

DIE LETZTE STUNDE

Die Bekehrung des Zauberers Hermogenes, den man gemeinhin für unbeugbar gehalten hatte, schien vielen Menschen nicht geheuer. In Scharen rückten sie an, Jakobus zu strafen, doch dieser wurde nicht müde, die neue Lehre zu verbreiten und gewann weitere Anhänger. Dies kam dem Hohepriester Abiathar zu Ohren, der einen Aufstand unter dem Volke auslöste. Er ließ Jakobus gewaltsam festnehmen, einen Strick um den Hals legen und vor Herodes Agrippa bringen. Der Dynast zögerte nicht lange.

«Enthaupten», befahl er, «sofort enthaupten!»

Jakobus und seine Häscher bahnten sich in Jerusalem den Weg durch die Menge. Am Wege zur Richtstätte lag ein Gelähmter, der dem Heiligen seine Hände hoffnungsvoll entgegenstreckte.

«Heile mich, bitte mache mich gesund!», bat er inständig.

«Im Namen Christi, in dessen Namen ich gepredigt habe und für den ich nun leiden werde wie er gelitten hat», sagte Jakobus, «stehe auf und gehe heim. Der Herr segne dich.»

Da erhob sich der Lahme vom Boden, lobte den Herrn und ging nach Hause. Das sah Josias, ein Schriftgelehrter, der das Seil führte und Jakobus voranzog. Er befreite ihn von dem Strick und warf sich vor dem Heiligen nieder.

«Bitte, verzeihe mir», flehte Josias.

Jakobus spürte, dass das Herz des Josias aufrichtig gerührt und sein Weg vorgezeichnet war.

«Glaubst du, dass mein Herr Jesus Christus, der am Kreuze gerichtet worden ist, der Sohn des wahren und lebendigen Gottes ist?», fragte Jakobus.

«Ja, ich glaube es», entgegnete Josias. «Ich bitte dich, lasse mich teilhaben an deiner Gemeinschaft, jetzt und hier.»

Als der Hohepriester die Worte vernahm, ließ er Josias ergreifen.

«Wenn du dich nicht von dem Gefangenen entfernst und alledem abschwörst, was du gerade gesagt, sollst du zusammen mit ihm enthauptet werden!», gebot Abiathar.

«Ich kann es kaum erwarten, Abiathar!», erwiderte Josias standhaft. «Verflucht seiest du, und verflucht seien all deine Götter, aber der Name meines Herrn Jesus Christus sei in alle Ewigkeit gelobt!»

Abiathar befahl den Begleitern, Josias mit Fäusten zu schlagen, und holte die Erlaubnis des Hero-

des Agrippa ein, ihm gleichfalls das Haupt abzutrennen. Der Herrscher willigte ein.

Als sie die Richtstätte erreichten, erbot sich Jakobus einen letzten Willen aus.

«Lasse mir etwas Wasser bringen», bat er den
Henker.

Die Umstehenden waren zu überrascht, um sofort zu reagieren, als Jakobus den Krug mit Wasser nahm und sich an Josias wandte:

«Glaubst du an den allmächtigen Gott, den
Schöpfer des Himmels und der Erde?»

«Ja, ich glaube», antwortete dieser.

«Glaubst du an Jesus Christus, seinen einzigen
Sohn, unseren Herrn, der auferstanden ist und zur
Rechten des Vaters sitzt?»

«Ja, ich glaube.»

«Glaubst du an den Heiligen Geist, an die Vergebung der Sünden und das Leben nach dem Tode?»

«Ja, ich glaube.»

Jakobus schüttete dreimal Wasser über das
Haupt des Josias, nahm ihn in die unauflösbare
Gemeinschaft mit Gott hinein und sagte:

«Und nun, mein Sohn, gib mir den Kuss des
Friedens.»

Erst dann unterbanden die Häscher den für sie
so seltsamen Ritus.

Zu Lebzeiten des Jakobus war die Taufe des Josias sein letztes Werk.

Der Heilige schaute zum Himmel auf und betete. Er entledigte sich seines Umhangs, kniete nieder und streckte dem Henker seinen freigelegten Hals entgegen.

«Möge die Erde meinen Leib empfangen in der Hoffnung aufzuerstehen», sagte Jakobus laut und vernehmlich.

Dann ging das blitzende Schwert des Schinders nieder. Einmal, zweimal. Kurz darauf enthaupteten sie auch Josias.

✳ *Einzig eine kurze Stelle aus der Apostelgeschichte (12,1–3) belegt den Tod des Jakobus: «Um diese Zeit legte König Herodes Hand an einige Mitglieder der Kiche, um ihnen Böses anzutun. Jakobus, den Bruder des Johannes, ließ er mit dem Schwert hinrichten. Da er bemerkte, dass das den Juden gefiel, ließ er auch Petrus festnehmen. Es war in den Tagen der ungesäuerten Brote.» Allgemein wird das Jahr 44 für das Martyrium des Heiligen angegeben.*

III. WIE DER HEILIGE JAKOBUS NACH SEINEM TODE NACH GALICIEN REISTE UND SEIN GRAB AUF WUNDERSAME WEISE WIEDERAUFGEFUNDEN WURDE

Nach seinem irdischen Ende schlägt Jakobus nach den Erzählungen des Codex Calixtinus *und der* Legenda aurea *verschlungene Wege ein: Begleitet von standhaften Jüngern und von Engeln durch die Gefahren der Meere gelenkt, bringt ein Boot den Leichnam nach Galicien. Im Reiche der bösen, listenreichen Königin Lupa suchen seine Gefährten nach einer würdigen Stätte für des Heiligen letzte Ruhe. Ihrem Vorhaben stellen sich wilde Stiere und ein furchterregender Drache entgegen, doch alles nimmt ein gutes Ende. Mit einem Ochsenkarren schaffen die Jünger die sterbliche Hülle* bis zum vorbestimmten Punkt. Jene Stelle, an der die Tiere zum Trinken verharren, legen die treuen Anhänger des Jakobus als göttliches Zeichen aus. Der Bestimmungsort wird zum Heiligtum. Jahrhunderte später erblickt der Eremit Pelagius über der vergessenen Grabstätte ein geheimnisvolles Leuchten und benachrichtigt Bischof Theodemir in Iria Flavia. Theodemir kommt heran, ein Engel führt ihn unter Sternenlicht in ein einsames Waldstück. Hier liegt die Keimzelle von Santiago de Compostela, dem Sehnsuchtsziel aller Jakobspilger …

EIN ENGELSSCHIFF NACH GALICIEN UND DAS ERSTE MUSCHELWUNDER

Nach den Martyrien des Jakobus und des Josias wandten sich die Häscher und die meisten Gaffer ab. Einige wenige Schaulustige blieben, konnten sie sich doch dem sonderbaren Anblick nicht entziehen, den der Leichnam des Apostels bot. Der gerichtete Körper des Jakobus verharrte auf Knien. Der abgetrennte Kopf war nicht zu Boden gefallen, sondern von den Armen aufgefangen worden. Nun hielten die Hände des Heiligen das eigene Haupt in der Armbeuge fest umklammert und gaben es nicht frei, so sehr man sich mühte. Auf einmal bebte die Erde, der Himmel öffnete sich, Blitze zuckten nieder. Es grollte und donnerte. Über der Richtstätte erhob sich ein Leuchten, begleitet vom Gesang der Engelschöre. Entsetzt suchten die Verbliebenen das Weite. Manche, so sagt man, wurden auf dem Weg nach Hause vom Erdgrund verschluckt …

Nach Einbruch der Dunkelheit näherten sich zwei Gestalten dem Schauplatz des Märtyrertodes. Es waren Theodorus und Athanasius, zwei Jünger des Apostels, die den Heiligen in unveränderter Stellung vorfanden. Behutsam wickelten sie Körper und Kopf in feines Leder, dem die herrlichsten Aromen entstiegen, und schafften Jakobus heimlich von Jerusalem nach Joppe. Am Hafen stand ein Boot bereit, ein denkbar kleines Gefährt, das zwar ein Segel, aber kein Ruder besaß. Theodorus und Athanasius brachten die sterbliche Hülle des Heiligen an Bord, das Schiff legte umgehend ab und trieb aufs offene Meer hinaus. Die Jünger vertrauten ganz der göttlichen Fügung und wachten an der Seite ihres Herrn, für den sie eine würdige Grabstätte suchen wollten. Ein Engel, so heißt es, lenkte das Boot wie mit unsichtbarer Hand. Er ließ sie gefährliche Riffe umschiffen und drohenden Stürmen ausweichen, bewahrte sie vor Strömungen und schäumenden Wellen. Nach sieben Tagen geriet die zergliederte Küste Galiciens in Sicht. Wälder und Sandbänder zogen vorüber, Buchten, Klippen und Felseninseln, von denen das Geschrei von

Seevögeln zu den Reisenden drang. Es war helllichter Tag, als der Wind merklich nachließ und das Boot ganz langsam in eine Bucht hineintrieb. In Sichtweite eines Strandes machten Theodorus und Athanasius eine Hochzeitsgesellschaft aus. Zu hören waren Musik und fröhliches Stimmengewirr, das den Bräutigam umgab, einen galicischen Ehrenmann hoch zu Ross. Irgendetwas versetzte das Tier auf einmal in Unruhe. Es spitzte die Ohren, bäumte sich auf, war mit wenigen Sätzen im Wasser und stürzte in die Fluten hinein. Mit erstarrten Mienen verfolgten die Hochzeitsgäste, wie sich der Reiter krampfhaft an die Mähne klammerte und

✳ DIE JAKOBSMUSCHEL, DAS VERBINDENDE ZEICHEN DER PILGER

Die Muschel, ein Symbol des Lebens und der Fruchtbarkeit, ist seit den Frühzeiten der Jakobuswallfahrt das alles verbindende Zeichen der Pilger. In Santiago de Compostela wurden die Schalen einst als Nachweis der Ankunft ausgegeben, bevor sie von offiziellen Beglaubigungsschreiben abgelöst wurden. Mit der im Durchmesser bis zu fünfzehn Zentimeter großen Jakobsmuschel, auf Galicisch vieira *und wissenschaftlich «Pecten jacobaeus» genannt, ließen sich im Mittelalter Hilfeleistungen erwirken. Ihren praktischen Zweck erfüllte sie unterwegs an Quellen und Brunnen als Schöpf- oder Trinkbehältnis. Befestigt wurden die Muscheln am Umhang, Hut oder Brotbeutel. Mit der Muschel sieht man Jakobus als Pilger auf Reliefs, Altartafeln und Skulpturen in Kirchen und Klöstern dargestellt.*

Heutige Santiago-Wallfahrer heften die Jakobsmuschel gerne an den Rucksack oder tragen sie an einer Schnur um den Hals. Im Zuge des blühenden Pilgerkommerzes hat das Muschelmotiv Einzug auf T-Shirts, Kappen und Pins gehalten. Außerdem ist die Muschel ständiger Begleiter am Jakobsweg: auf stilisierten Weghinweisern und Kilometersteinen.

auf dem Rücken des Pferdes in der See versank. Luftblasen stiegen auf, lähmendes Entsetzen machte sich breit. Minutenlang herrschte Stille, als es draußen in der Bucht plötzlich schäumte. Neben dem Boot tauchten der Kopf des Tieres und des Mannes und dann deren Körper auf. Der Bräutigam schaute auf den aufgebahrten Leib des Apostels an Deck, tauschte wortlose Blicke mit den Jüngern und preschte über das Wasser zurück zu den Seinen. Freudiger Jubel brandete auf, als er das Ufer erreichte. Kaum jemand mochte glauben, was er gesehen hatte noch was er nun sah. Der Mann und das Pferd waren gänzlich mit den Schalen großer Muscheln bedeckt, die man später Jakobsmuscheln nennen sollte.

«Ein Wunder!», entfuhr es einem der Anwesenden.

Dann hallte es aus aller Mund zusammen über die Bucht:

«Ein Wunder!»

Im selben Augenblick zog Wind auf und blähte das Segel des Apostelbootes. Theodorus und Athanasius lächelten, wohl ahnend, dass ihre Ankunft kurz bevorstand.

DIE JÜNGER,
DIE WÖLFIN UND
DIE STIERE

Gespannt und voller Zuversicht saßen Theodorus und Athanasius an Bord des Engelsschiffes, ihre Reise sollte bald ein Ende haben und der Leib des Apostels die letzte Ruhe finden. Der Engel steuerte das Boot bis zum Ende eines Meeresarms, den man später Ria de Arousa nannte. Dort, wo das Salzwasser mit einem Flüsschen, dem Ulla, verschmolz, ging es ein Stück flussaufwärts. Als das Boot im Uferschlick zu stehen kam, stimmten die Jünger einen Lobgesang an und machten ihr Gefährt an einem Felsblock fest. Dann nahmen sie Jakobus auf und bahrten ihn auf einen großen Stein, der sich wie Wachs um den Leichnam legte und zu einem Sarg formte. Ein paar Neugierige kamen herbei und schauten auf den aufgebahrten Toten. Ob man sie in diesem einsamen Landstrich erwartet hatte? Theodorus und Athanasius ließen sich in die hinterliegende Siedlung führen, die, so erfuhren sie, Iria Flavia hieß.

Die Dörfler empfingen sie mürrisch und gaben zu verstehen, dass in dieser Gegend eine mächtige Königin herrschte, Lupa, und ihre Residenz einen guten Tagesmarsch entfernt liege. Dorthin mögen sie sich wenden. Lupa bedeutete «Wölfin», doch verschwieg man den Jüngern, dass ihr der Ruf einer bösen, verschlagenen Frau nachhing. Die beiden schulterten den Sarkophag und begaben sich auf den Weg zur Monarchin. Im Palast geleitete sie ein Diener zum Empfang. Widerwillig nahm Lupa die Geschichte zur Kenntnis, die Theodorus und Athanasius mit den Worten schlossen:

«Verehrte Königin, Ihr habt die göttliche Vorsehung vernommen, die uns hierhin geführt hat. Nun erbitten wir einen angemessenen Platz, um unseren Herrn zu bestatten.»

«Was erlauben sich diese Fremdlinge?», entrüstete sich Lupa leise und sann darauf, wie sie sich die ungebetenen Gäste vom Halse schaffen könnte.

«Hört: Am besten, ihr geht zum Regenten einer nahen Stadt, die Dugium heißt, und tragt ihm eure Bitte vor. Ganz gewiss wird er euch mit offenen Armen empfangen und guten Rat geben», sprach Lupa mit falscher Zunge, wohl wissend, dass er der grausamste Mensch war, den sie jemals kennengelernt hatte.

In blindem Vertrauen folgten die Jünger dem
Rat der Lupa, während ein Bote vorauseilte und
dem Oberhaupt von Dugium die Kunde vom an-
stehenden Besuch zutrug. Theodorus und Athanasius fühlten sich freundlich empfangen, als der lo-
kale Gebieter ihnen Gehör schenkte, doch führte er
nichts anderes im Schilde, als sie am Ende ihrer
Rede in Ketten abführen und ins Gefängnis werfen
zu lassen. Während der Stadtherrscher zufrieden
zu Tische saß und die Wachen mit anderen Dingen
beschäftigt waren, füllten sich die düsteren Tiefen
des Kerkers mit Licht. Ein Engel erschien und
führte die Jünger in die Freiheit. Nach kurzer Zeit
erfuhr der Regent davon, geriet in großen Zorn
und schickte berittene Krieger zu einer Hetzjagd
aus. Mühelos nahmen die Männer die Spur auf

und erspähten in der Ferne alsbald die Jünger, die mit dem Sarkophag auf den Schultern über eine Flussbrücke gingen. Des geringen Vorsprungs und der raschen Erfüllung ihres Auftrags gewiss, trieben sie ihre Pferde an. In dem Moment, da der Trupp den Fluss überqueren wollte, stürzte die Brücke unter ihnen ein. Niemand kam mit dem Leben davon. Wer nicht von den herabstürzenden Steinmassen erschlagen wurde, ertrank im Strom.

Der Lärm schreckte Theodorus und Athanasius auf. Sie blickten sich kurz um und wussten um die göttliche Strafe für die Verfolger, die dem Stadtherrscher zu Ohren kam. Im Laufe des Tages holte die beiden ein Bote des Regenten ein und bewegte sie zur Umkehr. Die Jünger mögen ihm verzeihen, richtete der Überbringer der Nachricht aus. Er wolle ihnen alles geben, was sie verlangten. Theodorus und Athanasius schlugen den Weg zurück nach Dugium ein, wo sie den reumütigen Regenten und alle Bewohner der Stadt zum christlichen Glauben bekehrten und Gott einen vormaligen Götzentempel weihten. Was fehlte, war eine geeignete Ruhestätte für Jakobus.

Ihr Weg führte sie abermals zu Königin Lupa, die sie um ein kleines Stück Land für die Grabstätte baten. Lupa, verschlagener noch als zuvor, suchte einen neuen Weg, um sich der Jünger endgültig zu entledigen.

«Ich sehe eure gute Absicht, die ihr mit aller Entschlossenheit verfolgt, so will ich euch gerne helfen», sagte sie. «Wenn ihr hinaufgeht in die Berge, stoßt ihr nach einer Weile auf eine Weide mit zahmen Ochsen. Es sind brave Tiere, die mir gehören. Fangt sie ein und schirrt sie an einen Wagen, den ihr dort findet. Ladet euren Herrn auf und fahrt zu, bis ihr einen Ort ausfindig macht, der euch würdig erscheint.»

Hinter den Worten der Königin Lupa stand ein gänzlich anderer, ein heimtückischer Plan. In den Hügeln nämlich hauste ein riesiger Drache, der mit einem einzigen Feuerhauch das Leben eines Dutzend Menschen auszulöschen vermochte. Und die Ochsen waren nichts anderes als gefährliche Stiere, die mit ihren spitzen Hörnern alles durchbohrten, was ihnen in die Quere kam. Niemals, so glaubte Lupa, könne es gelingen, die Tiere einzufangen und vor einen Karren zu spannen. Und wenn doch, so würden sie den Wagen umwerfen, ein Unglück, bei dem sich die Begleiter todsicher das Genick brächen.

Theodorus und Athanasius waren ahnungslos und erfreut, als Lupa ihnen Proviant mit auf die

Reise gab. Dankbar brachen sie auf und stiegen die nahen Hügel hinauf, als sie plötzlich ein gewaltiges Zischen und Fauchen vernahmen. Hinter einer Kuppe lauerte ein Feuer speiender Drache, der auf sie zuhielt. Geistesgegenwärtig legten Theodorus und Athanasius den Sarkophag ab, erhoben die Hände und schlugen ein Kreuzeichen.

«Im Namen Gottes und unseres Herrn, Jakobus!», riefen sie.

Im selben Augenblick zerbarst der Körper des Ungeheuers.

Theodorus und Athanasius hoben die Augen zum Himmel, dankten dem Herrn und setzten den Weg in die Berge fort. Als sie eine Weide erreichten, sahen sie in der Ferne, wie massige Tiere aufeinander zustürmten und Staub aufwirbelten. Die Kolosse hoben die Köpfe, nahmen Witterung auf und stürzten den Jüngern unter fürchterlichem Gebrüll entgegen.

«Ob das die braven Ochsen sind?», fragten sich die beiden. Als sie die tödliche Gefahr ahnten, war es fast zu spät. Sie schlugen erneut ein Kreuz. Da begannen die Stiere gemächlich zu trotten, hielten vor den Jüngern inne und schmiegten sich wie Kälbchen an sie. Im Schatten einer Steineiche entdeckten Theodorus und Athanasius einen Karren,

schirrten die zutraulich gewordenen Bestien an
und luden den Sarkophag des Apostels auf die höl-
zerne Ladefläche. Darauf rollte der Wagen ins Tal
und geradewegs in den Palast der Königin hinein.
Lupa erbleichte und verstand das Wunderzeichen.
In einem Augenblick nahm sie den christlichen
Glauben an und vernichtete alle Götzenbilder. Ihr
weiteres Leben, so wird berichtet, verbrachte sie
ohne Ausnahme mit guten Werken.

Hoch auf dem Stierkarren sitzend und den Leichnam des heiligen Jakobus hinter ihnen, hielten
Theodorus und Athanasius an ihrem Auftrag fest.
Unbeirrbar vertrauten sie der Fügung, bis der Wagen in einem entlegenen Wald zum Stillstand kam.
Die Zugtiere bückten sich, um zu trinken, und gingen nicht weiter. Für die Jünger war dies ein untrüg-
liches Zeichen. Hier also sollte sich der Wille Gottes
erfüllen – sie konnten es kaum erwarten. In der Nähe entdeckten sie ein Götzenbild, das sie zerstörten,

und einen verlassenen Unterschlupf voller Gerät von Steinmetzen. Mit den Werkzeugen meißelten sie einen Steinsarg für ihren Meister, hoben den Boden aus und setzten die Grundmauern für eine Krypta. Die unterirdische Grabkammer überspannten sie mit Bögen aus Marmor und gaben Jakobus einen Ehrenplatz. Darüber errichteten sie einen Altar und eine kleine Kirche und sangen nach vollendeter Arbeit Gott Lieder des Lobes.

Im Laufe der Jahre lockte das Kirchlein viele Gläubige an, die den Heiligen verehrten. Man schmückte das kleine Heiligtum mit Mosaiken und Wandmalereien aus und entzündete Öllämpchen neben dem Altar. Theodorus und Athanasius hielten Jakobus die Treue. Tag und Nacht bewachten sie das Grab bis zu ihrem Tod. Dann erfüllte man ihren letzten Willen und bestattete die treuen Schüler an der Seite des Apostels, einen zur Rechten und einen zur Linken. Noch mochte niemand erahnen, dass unruhige Zeiten bevorstanden. Zeiten, in denen das Apostelgrab im Strudel des Vergessens unterging und inmitten dichter Vegetation versank …

JAKOBUS UNTER DEN STERNENLICHTERN

Es trug sich zu tiefster Nachtzeit zu, als Pelagius aus den Träumen gerissen wurde. Mit einem Mal bemerkte er einen Schimmer, der durch die Holzritzen bis zu seinem kärglichen Nachtquartier drang. Schlaftrunken erhob er sich, trat vor seine Einsiedlerhütte in den Hügeln und mochte kaum glauben, was er dort sah. Über einem Waldstück, ganz in der Nähe, hing ein geheimnisvolles Leuchten. Pelagius, der sich seit geraumer Zeit dem Gebet und der Buße in der Einsamkeit hingab, hatte schon manches Naturschauspiel am Firmament verfolgt, aber einen solch grellen Widerschein niemals gesehen. Es waren Sternenlichter, die über den Wipfeln der Bäume standen, sich trichterförmig verengten und auf eine ganz bestimmte Stelle hinzudeuten schienen. Der Eremit verspürte eine unergründliche innere Unruhe und ließ das Gefunkel nicht aus den Augen, bis es im ersten Schein der aufgehenden Sonne verschwand. In der Nacht darauf wiederholte

61

sich das Phänomen. Pelagius ahnte, dass er handeln musste, und brach am Morgen danach zu einem langen Tagesmarsch nach Iria Flavia auf. Die Siedlung, an den Ufern des Ulla gelegen und vor vielen Jahrhunderten Landeplatz des Apostelbootes mit der sterblichen Hülle des Jakobus, war Sitz des Bischofs Theodemir. Sicher würde er einen Rat wissen. Theodemir hörte sich den Bericht des Einsiedlers an und versprach, ihn zurückzubegleiten, um sich selber ein Bild von den merkwürdigen Vorgängen zu machen. Ohne es näher bestimmen zu können, befiel den Bischof die Vorahnung, dass ein einzigartiges Ereignis bevorstand.

Tags darauf brachen Theodemir und Pelagius ins Inland zur Einsiedlerkate auf und beobachteten in der Nacht die mysteriösen Lichterbündel über dem Wald. Theodemir sinnierte, begann ein dreitägiges Fasten und ging am dritten Tag nach Sonnenuntergang alleine dem Wald entgegen. Gestützt auf seinen Bischofsstab, war er fest entschlossen, das Geheimnis zu lüften. Wieder flammte das Leuchten auf, wieder senkten sich die Strahlen auf denselben Punkt wie zuvor. Es war taghell, als er den Waldsaum erreichte. Plötzlich tauchte ein Engel auf und führte ihn tief in den Forst hinein, bis er die Reste eines Bauwerks ge-

wahr wurde. Umrankt von Ge-
strüpp und mitten im Sternen-
lichtfeld, erkannte Theodemir
die Umrisse eines kleinen,
zum Teil verfallenen Heiligtums.
Er sah Mauern, einen Altar, einen
Abgang. Mit seinem Stab schob er
Äste und Ranken beiseite und stieg mit Hilfe des Engels hinab in die Krypta. Unter den
Resten der Bögen sah er drei Grabstätten, eine große und zwei kleinere. «Theodorus, Athanasius, Jakobus», ging es ihm durch den Kopf, als er an die
alten Überlieferungen dachte. Für den Bischof be-
stand nicht der geringste Zweifel. Im Beisein des
Engels sank Theodemir ergriffen auf die Knie. Das
Grab des Apostels war wiederentdeckt …

✱ *Das Waldstück Libredón,* Liberum Donum, *gilt als Urgrund von Santiago de Compostela. Legt man bei der Wiederentdeckung des Apostelgrabes einen realgeschichtlichen Rahmen zugrunde, weist alles auf die Ära des asturisch-leonesischen Königs Alfons II. im ersten Drittel des 9. Jahrhunderts. In den Einzelheiten weichen die Angaben voneinander ab. Jakobusforscher Manuel Jesús Precedo Lafuente weist auf die Zeit «kurz vor dem Tod von Karl dem Großen» (814), Fernando López Alsina auf das Jahrzehnt zwischen 820 und 830. Die Erzdiözese Santiago de Compostela geht beim Grabesfund von einer Zeit «um 829» aus.*

IV. WIE DER HEILIGE JAKOBUS KÖNIG KARL DEM GROSSEN DEN WEG NACH GALICIEN WIES, DEN CHRISTLICHEN TRUPPEN ERSCHIEN UND VIELE GEFANGENE BEFREITE

Die Bilder zeigen Jakobus, wie er mit hoch erhobenem Schwert über die Köpfe der Feinde hinweggaloppiert: Der Heilige als der große Motivator zu Zeiten der Reconquista. Die Legenden sehen Jakobus als kriegerischen Reiter und Retter, Attribute, die Heerscharen von Künstlern auf Bildwerken, Gemälden und Schmiedearbeiten umgesetzt haben. Matamoros nennt man ihn, «Maurentöter». Beispielgebend stärkt der Heilige den Kampfesmut der Christen gegen die Sarazenen, angeführt von der sagenumwobenen Erscheinung bei der

Schlacht zu Clavijo. Das Wunder der blühenden Lanzen am Río Cea befreit von Angst vor dem Tod und lässt die christlichen Streiter selig auf die Schlachtfelder ziehen. Die Wunder verbinden – in legendarischer Vermischung der Zeitebenen – das Heldentum Karls des Großen mit Jakobus, der ihm im Traum erscheint und zum Aufbruch nach Galicien anspornt. Als der fränkische König den Heiligen um Unterstützung anruft, stürzen vor seinen Augen die Stadtmauern von Pamplona ein. Sogar der große Almanzor gerät ins Sogfeld des heiligen Jakobus. Wie sonst ließe sich erklären, dass der gnadenlose Feldherr das Apostelgrab bei seinem Angriff auf Santiago de Compostela verschont ... Im weiteren Verlauf des Mittelalters, als die Gegend gesichert und Santiago zum großen Pilgerziel aufgestiegen ist, wird die Basilika des Jakobus zum Schauplatz erster Wunder.

DER STERNENWEG
UND KARL DER GROSSE

Ermattet von zahlreichen Schlachten und Feldzügen, ruhte sich Karl der Große eines Nachts aus und schaute gedankenversunken in den Himmel. Plötzlich sah er eine merkwürdige Konstellation der Gestirne, Sterne, die eine Straße in eine bestimmte Richtung anzudeuten schienen. Es war der Sternenweg, der, so heißt es, an der Nordsee begann, sich zwischen Deutschland und Italien, zwischen Gallien und Aquitanien ausbreitete und durch die Gascogne, das Baskenland, Navarra und Teile Kastiliens bis nach Galicien verlief. Der Frankenkönig beobachtete das Phänomen einige Nächte hintereinander und fragte sich, was dies wohl bedeuten möge, bis ihm im Traum eine Lichtgestalt erschien.

«Wer bist du?», fragte Karl der Große.

«Was glaubst du, wer ich bin?», entgegnete die Erscheinung. «Ich bin der Apostel Jakobus, ein Schüler Christi, der Sohn des Zebedäus, der Bruder des Johannes, vom Schwerte des Herodes Agrippa

gerichtet. Du sollst wissen, dass mein Körper unerkannt in Galicien liegt, bedroht durch die Sarazenen. Darum wundert es mich sehr, dass du mein
Land bislang nicht befreit hast, du, der du so viele
Städte und Länder erobern konntest. Der Herr, der
dich zum mächtigsten König auf Erden bestimmt
hat, richtet dir durch mich aus, dass er dich unter
allen erwählt hat, um meinen Weg vorzubereiten
und den Mauren das Land zu entreißen. Dann ist
dir die Krone des unvergleichlichen Ruhmes gewiss. Und dein Name sei für immer gelobt!»

«Gib mir ein Zeichen, was soll ich tun?», fragte
Karl der Große weiter, unverändert versunken in
tiefen Schlaf.

«Das Zeichen ist dir bereits bekannt», antwortete Jakobus. «Der Weg der Sterne, den du am Himmel gesehen hast, bedeutet, dass du von diesen
Ländern mit deinem großen Heer bis Galicien ziehen musst, um die treulosen Heiden zu bekämp-
fen, den Weg zu mir und meinem Land zu befrei-
en und meine Basilika und meinen Sarkophag zu
besuchen. Und nach dir werden dorthin alle Völker pilgern, von Meer zu Meer. Sie werden die
Vergebung ihrer Sünden erflehen und das Lob des
Herrn, seine Tugenden und seine Wunder, die er
tat, öffentlich ausrufen. Sie werden von deiner

Epoche bis zum Ende aller Zeiten dorthin ziehen.»
Am Ende mahnte Jakobus rasches Handeln an:

«Setz dich in Bewegung, sobald du kannst. Ich
werde dir bei allem, was du brauchst, der Helfer an
deiner Seite sein!»

Auf diese Weise erschien der heilige Apostel
dem Frankenkönig zwei weitere Male im Traum.
Karl der Große zögerte nicht. Er bereitete seine
Heerscharen vor und brach gen Spanien auf.

✳ *Der karolingische Sagenzyklus bestimmt
das vierte Buch des* Codex Calixtinus, *den sogenannten* Pseudo-Turpin. *Um dem im 12. Jahrhundert
entstandenen Werk größeres Gewicht und Authen-
tizität zu verleihen, wurde die Autorschaft einem
Zeitgenossen Karls des Großen, dem Ende des 8.
Jahrhunderts verstorbenen Erzbischof von Reims,
Turpin, zugeschrieben. Im Auftakt ließ man Turpin
Glauben machen, dass er Karls «bewundernswerte
Taten» und all die «lobenswerten Triumphe» über
die Sarazenen mit «eigenen Augen» verfolgt habe.
Tatsächlich stand der Kreuzzugsgedanke dahinter,
der auf geschickte Art das Heldentum Karls des
Großen mit der Propagierung des Apostelgrabes in
Santiago de Compostela verknüpfte.*

DER EINSTURZ
DER STADTMAUERN
VON PAMPLONA

Unaufhaltsam zog Karl der Große mit seinen Heeren Spanien entgegen, wie ihm von Jakobus in seinen Träumen aufgetragen. Auf einem Übergang der Pyrenäen ließ er ein Kreuz errichten, das *Crux Caroli,* in späterer Zeit der erste Gebetsort auf spanischem Jakobswegterrain. Zwei Tagesmärsche später erreichten die Streiter ein Becken, das weitläufig von Hügeln umkränzt war. Mittendrin, über den Ufern des Flusses Arga, erhob sich Pamplona, eine kurz zuvor von den Sarazenen in ihre Gewalt gebrachte Festungsstadt. Nun hielten sich die Mauren hinter schier unüberwindbar scheinenden Mauern verschanzt und schmetterten den ersten Angriff erfolgreich ab. Karl der Große, der von einer Einnahme im Handstreich ausgegangen war, ließ Pamplona umkreisen und belagern.

Der Frankenkönig blieb siegesgewiss und ersann eine neue Strategie der Gefechtsführung.

Doch wo immer seine Soldaten in der Folge ansetzten, war die Gegenwehr zu stark. Tage und Wochen zogen ereignislos ins Land, der gewaltige Mauerring offenbarte nicht die geringste Schwachstelle für einen entscheidenden Vorstoß. Außerdem kam es ihm so vor, als verfügten die Feinde über Zugang zu Frischwasser und große Vorratsmengen. Unter diesen Vorzeichen war an Aushungern nicht zu denken.

Karl der Große war betrübt. Drei Monate nach Beginn der Belagerung neigte sich seine Geduld dem Ende, die zehrende Dauer drohte die Moral seiner Truppen zu zermürben. Da entsann er sich seiner Traumvision. Hatte ihm Jakobus nicht versprochen, Helfer an der Seite zu sein? Warum schritt der Heilige nicht ein, auf was wartete er? Wo war er, wenn man ihn brauchte? In einem einsamen Augenblick schaute Karl der Große hinüber zu den Mauern, richtete seinen Blick himmelwärts und sprach:

«Herr Jesus Christus, für dessen Glauben ich in die Ferne gezogen bin, lasse mich die Stadt in deinem Namen erobern. Heiliger Jakobus, wenn es wahr ist, dass du mir im Traume erschienen bist, dann gewähre, dass ich hier siegreich einziehe!»

Kaum hatte er die Worte ausgesprochen, als es an

den oberen Umläufen der Mauern zu bröckeln und rieseln begann. Dann barsten die ersten Steine und donnerten in die Gräben. Die Erde vibrierte, als Wall um Wall wie von Geisterhand brach. Unter tosendem Lärm sackten Tore und Mauern zusammen und hinterließen Berge voll Schutt. Jubelnd passierten die karolingischen Kämpfer die eingestürzten Stadtmauern und besiegten die Glaubensfeinde. Wer sich aus maurischen Reihen taufen ließ, kam mit dem Leben davon. Wer sich weigerte, dem, so steht es geschrieben, wurde mit Messern der Garaus gemacht. Der Triumph in Pamplona beflügelte Karl den Großen zu neuen Taten.

✳ *Die karolingische Episode um den Einsturz der Stadtmauern von Pamplona erinnert in Ansätzen an den im Alten Testament beschriebenen Fall von Jericho. Auf eine himmlische Erscheinung mit gezücktem Schwert in der Hand (Josua 5,13–15) folgt am siebten Tag der Belagerung der Mauerfall (Josua 6,20): «Das Volk schrie, und man ließ die Posaunen erschallen. Als das Volk den Posaunenschall hörte, stieß es einen gewaltigen Kriegsschrei aus, und die Mauer stürzte in sich zusammen.»*

DIE BLÜHENDEN LANZEN AM RÍO CEA

Karl der Große und seine Truppen setzten ihren Triumphzug durch Spanien fort. Dort, wo Jakobus zu Lebzeiten unermüdlich unterwegs gewesen war, besiegten sie die Mauren in Zaragoza und Lleida, am Mittelmeer und in Galicien. Nahe dem galicischen Iria Flavia, dem Ankunftssort des Apostelleichnams, stieß der König an den Atlantik vor und versenkte seine sagenhafte Lanze im Meer. Einzig die Natur gebot ihm bei weiteren Vorstößen Einhalt.

«Weiter voraus kann ich nicht ziehen!», rief Karl der Große und dankte Gott und dem heiligen Jakobus, ihn bis dorthin geleitet zu haben.

Die Glaubensgefechte führten den Frankenkönig in jene Gebiete und Städte, in denen sich in kommenden Zeiten der Hauptstrang des Jakobsweges herausbilden sollte: León und Astorga, Carrión de los Condes und Nájera. Nach vielen erfolgreichen Schlachten kehrte Karl der Große vorübergehend in die Heimat zurück und rückte neuerlich an, als der maurische Feldherr Aigolando Spanien in Angst und Schrecken versetzte. Karl zur Seite stand Graf Milon, ein tapferer Ritter und Vater des Helden Roland. In Spanien brachten die karolingischen Kämpfer die Lage unter Kontrolle und suchten nach Aigolando, den sie in einem Landstrich Kastiliens aufspürten: der Tierra de Campos, einem späteren Durchzugsgebiet der Jakobspilger zwischen Burgos und León. An einem Fluss, dem Río Cea, schlugen Karls Krieger ihr Feldlager auf. Jahrhunderte vorher, so wusste man, hatten hier die Heiligen Facundus und Primitivus ihr Martyrium unter römischen Ungläubigen erlitten.

Es dauerte nicht lange, bis Aigolando die Gegner nach seinen Regeln zum Kampf aufrief, immer mit derselben Zahl an Soldaten auf beiden Seiten. Karl der Große willigte ein. Es stünde ihm, Karl, frei zu wählen: ob einer gegen einen, zwei gegen zwei, zwanzig gegen zwanzig, vierzig gegen vierzig, hundert gegen hundert oder tausend gegen tausend. Karl der Große stellte die erste Hundertschaft zusammen, die im Gebrauch von Lanzen, Schwertern, Streit- und Wurfäxten besonders erprobt war und den Mauren allesamt den Garaus machte. Nicht anders erging es den nächsten hun-

dert Sarazenen, worauf Aigolando ihre Zahl verdoppelte und mit ansehen musste, wie auch diese ihr Leben aushauchten. In hellem Zorn schickte der maurische Heerführer eine Zweitausendschaft aus, von denen ein Teil den Tod fand und ein anderer Teil die Flucht ergriff. Am dritten Tag wendete sich das Blatt. Aigolando fügte Karl empfindliche Verluste zu, witterte seinerseits den Triumph und forderte die feindlichen Truppen für den Tag danach zu einer offenen Feldschlacht heraus. Karl der Große stimmte zu.

Am Abend vor der Schlacht bereiteten die christlichen Krieger im Lager an den Ufern des Río Cea ihre Waffen vor, reinigten sie und schärften sie nach, legten ihre Helme und Schilde zurecht. Bevor sie sich zur Ruhe begaben, stießen viele ihre Lanzen steil aufragend in die Wiesen. Es waren Lanzen aus Eschenholz. Am Morgen bot sich allen ein seltsames Bild. Wer seine Lanze in den Boden gebohrt hatte, fand sie mit Wurzeln und Rinde und blühenden Blättern bewachsen vor. Es war ein Meer aus sprießendem Grün und Blüten und ein Zeichen, so heißt es, dass all die Lanzenstreiter zu späterer Stunde dem Sieg eines Martyriums zur Ehre Gottes entgegensehen sollten. Die Soldaten schnitten ihre Eschenholzlanzen dicht über der Grasnarbe ab und zogen freudig in den Kampf. Zurück blieben die Wurzeln, aus denen kräftige Wälder erwachsen sollten.

Am selben Tag fielen vierzigtausend Christen auf dem Schlachtfeld, darunter Graf Milon. Karl der Große geriet in große Bedrängnis, sein Pferd wurde tödlich verwundet. Inmitten des Fußvolks setzte er sich tapfer zur Wehr und löschte mit seinem Wunderschwert das Leben vieler Sarazenen aus. Am Tag danach kam Verstärkung. Aigolando zog ab.

Am Ort des Lanzenwunders gebot Karl der Große den Bau eines Klosters zu Ehren der Heiligen Facundus und Primitivus. Die Abtei wurde zum Ursprung der Pilgerstadt Sahagún.

✳   Der Pseudo-Turpin *hebt den Tod auf den Schlachtfeldern der Tierra de Campos als «Rettung der Streiter Christi» hervor und ruft allgemein zum tugendbeseelten Kampf gegen die Laster auf, der am Ende belohnt wird: «Wer seinen Glauben der ketzerischen Bosheit entgegenstellt, die Güte dem Hass, die Freigebigkeit dem Geiz, die Demut dem Stolz, die Keuschheit der Unzucht, das emsige Gebet der teuflischen Versuchung, die Bescheidenheit dem Überfluss, die Beharrlichkeit dem Wankelmut, das Stillschweigen der Schelte und den Gehorsam der menschlichen Aufruhr, wird seine Lanze am Tage des göttlichen Gerichts blühend und siegreich vorfinden.»*

✳ TRIUMPHE UND RÜCKSCHLAG

Ungeachtet historischer Daten und Fakten berichtet der Pseudo-Turpin *enthusiastisch von den Eroberungen Karls des Großen in Spanien, selbst dort, wo spätere Jakobswegstädte wie Burgos und Estella nachweislich noch gar nicht gegründet waren. Überall, so heißt es, unterwarfen sich die Sarazenen ehrergeben dem König, übergaben ihre Territorien und bewunderten die «wahrhaft prächtigen, gut gekleideten» Fremden. Auf dem Rückweg aus Spanien geriet die von Roland befehligte Nachhut der karolingischen Truppen allerdings in einen tödlichen Hinterhalt. Schauplatz jener Schlacht von Roncesvalles im Jahre 778 waren die Pyrenäen. Die heldenhaften Kämpfe mit der Zentralfigur Roland sind das bestimmende Thema im mittelalterlichen Rolandslied; auf dem Jakobspilgerpass von Ibañeta erhebt sich das Rolandsdenkmal.*

✳ TÖDLICHE LEKTION

Der Pseudo-Turpin *erzählt eine Episode um die von Jakobus ausgelösten Feldzüge von Karl dem Großen kurz vor den Pyrenäen in Bayonne. Im Lager liegt einer der edlen Streiter Karls, Romaricus, auf dem Sterbebett. Kurz vor seinem Ableben denkt er, dass es das Beste für sein Seelenheil wäre, sein Pferd zu verkaufen und den Erlös der Kirche und den Armen zu spenden. Damit beauftragt er einen Verwandten, ebenfalls Krieger in Diensten Karls, der das Tier nach dem Tode des Romaricus veräußert. Das Geld indes behält er und verprasst es. Nach dreißig Tagen erscheint ihm der Verstorbene im Traum. Im Angesichte Gottes seien ihm zwar die Sünden vergeben worden, doch wegen der unrechtmäßig einbehaltenen Gabe, hält ihm Romaricus aufgebracht vor, habe er all die Zeit lang Höllenqualen erleiden müssen. «Ab morgen wirst du an meiner Stelle sein», schließt Romaricus. Tags darauf verfolgen die karolingischen Soldaten entsetzt, wie der Schwindler aus ihren Reihen gerissen wird. Eine umgehend eingeleitete Suche in Tälern und Bergen bleibt erfolglos. Tage später findet man seinen vollends zerfetzten Körper auf einem Felsgrat in Navarra.*

JAKOBUS
DER RITTER

Folgt man den alten Quellen, rüsteten sich Mitte des 9. Jahrhunderts, nicht lange nach der Wiederentdeckung des Apostelgrabes, zwei große Lager zum erbitterten Kampf. Auf der einen Seite standen die Mauren in Diensten des Emirs von Córdoba, Abd ar-Rahman II., auf der anderen die von Ramiro I., dem König von Asturien-León, befehligten Christentruppen. Es ging mehr als um den einzelnen Sieg oder die Niederlage. Ramiro fühlte sich tief beschämt, dass seine Vorgänger und er selbst die Auflagen des Maurenfürsten ohne Gegenwehr befolgt und ihm alljährlich einhundert Jungfrauen für die Harems geliefert hatten. Nun forderte er das Schicksal heraus und stritt für die Abschaffung des unseligen Tributs, der viele junge Töchter des Landes ins Verderben gestürzt hatte.

Die feindlichen Heere versammelten sich in den Weiten des Ebro-Beckens, unweit der heutigen riojanischen Hauptstadt Logroño. Obgleich Ramiro

alle verfügbaren Krieger auf-
bot, waren die Seinen in Zahl
und Ausrüstung weit unter-
legen und die Gegner schier
übermächtig. Der erste Feld-
zug fügte den Christen schwers-
te Verluste zu, der nächste Tag
drohte zu einem nie da gewesenen Blutbad zu geraten. Nichts und niemand schien das Verhängnis
aufhalten zu können. Ramiros Truppen, die sich an
die Ausläufer eines Berges, des Monte Clavijo, geflüchtet hatten, schlugen dort ihr Feldlager auf. Am
Vorabend zog sich Ramiro allein auf den nahen
Felssporn zurück, den nunmehr die Burg von Clavijo krönt, und schaute in die Ferne, wo das Feldlager der Sarazenen deutlich auszumachen war. Der
König zermartete sich den Kopf und spielte neue
Gefechtsstrategien durch, ehe er die Augen schloss
und in Gebete versank. Die betrüblichen Ereignisse hatten ihn so erschöpft, dass er darüber einschlief. Im Traum erschien ihm Jakobus.

«Verzage nicht, habe keine Angst», beruhigte
ihn der Apostel. «Kämpfe weiter, vertraue auf deine und Gottes Stärken. Und morgen in der entscheidenden Schlacht sei meiner Hilfe und des
Sieges gewiss!»

Als Ramiro erwachte, fühlte er sich gestärkt und verwirrt zugleich. Hatte ihm der Heilige wirklich Beistand zugesichert? Was würde im Laufe des Tages geschehen? Er berichtete den Adeligen und Kirchenmännern, die ihn umgaben, von der Erscheinung und zog hinaus in den Kampf. Erneut gerieten seine Truppen in Bedrängnis, doch plötzlich füllte sich das Firmament mit gleißendem Licht. Vom Himmel herab preschte Jakobus, in der Gestalt eines edlen Ritters, auf einem weißen Pferd heran. In der Rechten schwang er ein Schwert, auf seinem leuchtendhellen Umhang prangte ein rotes Kreuz. Er galoppierte geradewegs in die Aufgebote der Glaubensfeinde hinein. Mit gellenden Jubelschreien stürmten daraufhin die Soldaten Ramiros auf die Mauren los und taten es Jakobus gleich. Sechzigtausend Mauren, so sagt man, fanden den Tod.

Niemand sollte jenen Tag vergessen, den Tag der siegreichen Schlacht von Clavijo, die das Ende des Jungfrauentributs besiegelte.

✳ *Jakobusforscher wie Nicolás Cabrillana Ciézar lassen keinen Zweifel daran, dass die Schlacht von Clavijo eine Erfindung des compostelanischen Klerus im 11./12. Jahrhundert war. Bis heute ist der Kriegertitel des «Maurentöters», Matamoros, für Jakobus gebräuchlich. In bildhauerischen Werken und im Volksglauben ist er am Jakobsweg ständig zugegen. Im Klostermuseum von Cañas, einem Örtchen in der Rioja, ist hinter streng gesichertem Glas sogar ein Hufeisenabdruck des Pferdes von Jakobus zu sehen …*

DAS WUNDERSAM VERSCHONTE APOSTEL-GRAB UND DIE KIRCHENGLOCKEN AUS SANTIAGO

Die Chronik notierte das Jahr 997, als der berüchtigte maurische Feldherr Almanzor in Galicien einfiel. Almanzor stand in Diensten des Omaijadenkalifen Hischam II., der im Süden der Halbinsel in Córdoba residierte, dem Mekka des Westens. Über die am Guadalquivir gelegene Stadt verteilten sich Schulen und Hochschulen, Hospitäler und Bibliotheken, öffentliche Bäder und Paläste. Überragt wurde die Pracht von der Mezquita, der großen Moschee. Im Auftrag seines Herrn riss Almanzor ganze Landstriche ins Verderben und schonte nichts und niemanden. Als er mit seinem Heer vor den Toren Santiagos stand, waren die Bewohner mit aller Habe, die sie eilig wegschaffen konnten, längst geflüchtet. Jedermann wusste, dass man es mit Almanzor, dem

«Siegreichen», nicht aufnehmen konnte. Widerstand wäre zwecklos gewesen, für eine Belagerung war man nicht gerüstet.

Kampflos zogen die maurischen Truppen in Santiago de Compostela ein. Almanzor war zornentbrannt. Wie gerne hätte er gekämpft und die Glaubensfeinde in die Knie gezwungen! Wer hatte die Leute gewarnt? Plätze, Gassen und Gebäude lagen wie ausgestorben da. An der Spitze seines Heerzugs ritt Almanzor auf die Kirche des Jakobus zu, fest entschlossen, sie umgehend dem Erdboden gleich zu machen. Bevor er sich an die Verwüstung begab, wollte er sich jedoch ein Bild von jenem Sanktuarium machen, das die Christen so sehr verehrten und von dem er viel gehört hatte. Er hielt die Seinen zurück, stieg vom Pferd und führte es hinter sich her ins Heiligtum. Als Almanzor dem Tier am ersten Weihwasserbecken zu saufen geben wollte, scheute es und preschte hinaus. Dann war er allein und bemerkte in der Ferne im Halbdunkel ein Licht und eine leise Stimme. Obgleich er keine Gefahr vermutete, näherte sich Almanzor dem Leuchten und dem Gemurmel mit der Achtsamkeit eines erfahrenen Streiters. Schritt für Schritt schlich er sich auf das Apostelgrab zu und senkte die vorsorglich gezogene Waf-

fe erst, als er einen Greis in einem Umhang entdeckte. Der uralte Mann kniete vor dem Grab des
Heiligen, betete ohne Unterlass und blickte nicht
einmal auf, als ihn der Fremde zur Rede stellte. Almanzor war überrascht. Er versuchte es nochmals
und nochmals, doch der Alte blieb ihm gegenüber
stumm und betete unverdrossen weiter. Der Feldherr stieß ein höhnisches Lachen hervor, dann
ging er hinaus.

«Heute schlagen wir unser Lager in und um die
Kirche auf!», rief er den Truppen zu und befahl:
«Und morgen nehmt ihr die Glocken ab und reißt
die Türen heraus, ehe ihr die Mauern der Kirche
zerstört», und setzte hinzu: «Verschont einzig das
Grab und das Leben des wunderlichen Alten dort
drinnen.»

So kam es, dass die letzte Ruhestätte des Jakobus
vor ihrem Schicksal bewahrt und die aus Bronze
gefertigten Türen und Glocken der Jakobuskirche
zu Kriegstrophäen wurden. Almanzor plünderte,
was in irgendeiner Art transportabel war, darunter
wertvolle Silbertische und Handschriftensamm-
lungen. Die Glocken ließ er von Christensklaven
auf Schultern nach Córdoba schaffen, wo sie in der
Mezquita fortan in Form von überdimensionalen
Lampen als Zierde dienten.

Im Jahre 1236 kam es unter Kastiliens König Ferdinand III. dem Heiligen zur Reconquista von Córdoba. Knapp zweieinhalb Jahrhunderte nach ihrem Raub beorderte er Teile der Beute zurück nach Santiago de Compostela. Nun war es an maurischen Gefangenen, die Kirchenglocken auf Schultern zurück zu ihrem angestammten Platz zu tragen.

✳   *Mohammed ibn Abi Mir al-Mansur, kurz genannt Almanzor, ist als historische Person und die Episode um die hin- und hergeschafften Glocken als geschichtliches Ereignis verbürgt. Almanzor (938–1002) überfiel im Jahr 997 Santiago de Compostela. Der* Codex Calixtinus *hat die von den Mauren erlittenen Gottesstrafen bei den Plünderungen Santiagos ausgeschmückt. Einige, so heißt es, wurden von einer «Zersetzung des Bauches» heimgesucht und «stießen alles, was sie im Körper hatten, durch ihren hinteren Teil aus». Andere «verloren das Augenlicht» und «irrten durch die Basilika und die Stadt hin und her».*

DER DEMÜTIGE GLÄUBIGE, DIE BAUERN UND DIE LICHT- GESTALT MIT DEN SCHLÜSSELN

Unter den Jakobspilgern befand sich einst ein besonders demütiger Kleriker aus Griechenland, der Stephanus hieß und, so erzählt man sich, im Namen des Jakobus jedweden irdischen Dingen abgeschworen hatte. Um sein Augenmerk einzig und allein auf die Erfüllung des Glaubens zu richten, hatte er seinen Amtsverzicht als Bischof eingereicht und traf nach langer Wanderschaft in Santiago de Compostela ein. Hier wollte er bleiben, schlug eine Rückkehr in die Heimat aus und bat die kirchlichen Instanzen um Erlaubnis, sich in der Basilika auf Dauer einen Platz für seine Versenkung einzurichten. Der Klerus kam dem Wunsche nach und wies Stephanus eine winzige Zelle zu, die es ihm erlaubte, auf den Altar des Apostels zu blicken und sich ungestört den Geboten Gottes hinzugeben. Stephanus verbrachte all seine Zeit mit Wachen und Beten, erlegte sich größte Bescheidenheit auf und fastete, wann immer er sich in der Lage fühlte. Die Askese verstärkte seinen Willen und seine Einkehr, Visionen und Träume versetzten ihn in einen Zustand der Glückseligkeit. «Das muss ein Heiliger sein», dachten viele Leute, die ihn sahen.

Eines Tages war Stephanus, wie gewohnt, in seine Gebete versunken, als eine lärmende kleine Gesellschaft aus Bauern in die Basilika kam und vor den Altar trat. Stephanus hielt inne und lauschte unweigerlich ihren Worten.

«Jakobus, guter Ritter, wir bitten dich, bewahre uns vor dem Bösen, jetzt und in Zukunft», vernahm er.

Da erhob sich Stephanus, trat ungehalten zu ihnen heran und verspürte den Drang, sie ein für alle Mal zu belehren.

«Ihr rohes dörfliches Volk, das Jakobus als Ritter bezeichnet», hielt er ihnen vor. «Ihr müsst ihn Fischer nennen, nicht Ritter. Habt ihr nicht gehört, ihr Unwissenden, dass er ein Fischer war, ein Menschenfischer nach Christi Willen?»

Stephanus zog sich in seine Zelle zurück, verschloss die Ohren und begab sich früh zur Ruhe. Nicht ein einziges weiteres Wort wollte er von diesen Ackerbauern hören.

Am späten Abend schreckte Stephanus ein unbekanntes Geräusch aus dem Schlummer. Er fuhr hoch und sah am Ende seiner Pritsche eine lichtumhüllte Gestalt, ganz in Weiß, um die Hüften glänzende Waffen gegürtet, in Händen zwei Schlüssel. Es war der heilige Jakobus.

«Stephanus, treuer Diener Gottes», sprach er. «Ich habe gehört, dass du mich einen Fischer und nicht Ritter heißen wolltest. Hier nun bin ich in ritterlicher Gestalt, damit du nicht weiter zweifelst. Ich bin ein ehrenhafter Streiter, ein Krieger in Diensten Gottes, der den Christen in den Schlachten gegen die Sarazenen siegreich vorausgeht!»

Stephanus, erfüllt von Scham und Scheu, blieb sprachlos.

«Ich bin Beschützer und Helfer all jener», fuhr Jakobus fort, «die mich lieben und von ganzem Herzen anrufen! Und damit du an meine Erscheinung glaubst, zeige ich dir diese Schlüssel, mit denen ich morgen in der Frühe um Neun die Stadttore von Coimbra öffnen werde. Coimbra ist in der Gewalt der Sarazenen und wird seit sieben Jahren von König Ferdinand belagert. Ich sage dir voraus – und berichte es weiter –, dass die Stadt am morgigen Tage endlich frei sein wird!»

Dann löste sich die Gestalt des Jakobus auf.

Zu frühester Morgenstunde traf Stephanus auf die ersten Kleriker und erzählte ihnen, was er gesehen und aus dem Munde des Heiligen vernommen hatte. Tage später trafen aufgeregt Boten ein, die verkündeten, dass Coimbra gefallen war. Wie von Wunderhand, berichteten sie, hätten sich vor Tagen, Glockenschlag Neun, die Tore geöffnet und den christlichen Heeren freien Zugang ermöglicht.

Stephanus wandte sich vollständig von dieser Welt ab. Fortan umkreisten seine Gedanken einzig das Gebet und die Buße. Kurz darauf entschlief er und fand seine letzte Ruhe in der Basilika von Santiago.

✳   *Die bekannte portugiesische Universitätsstadt Coimbra ist Station am Portugiesischen Weg nach Santiago de Compostela. Im Jahre 1064 wurde sie von Kastiliens König Ferdinand I. dem Großen aus den Händen der Mauren erobert.*

DER FEHLER DES DREIZEHNFACH VERKAUFTEN HÄNDLERS

Es war einmal ein Kaufmann aus Barcelona, der im Jahre 1100 die Basilika von Santiago nach frommer Tradition beehrte und den Heiligen um Beistand bat:

«Großer Apostel, da ich vielerorts meinen Geschäften nachgehe, bitte ich dich, mein Fleisch und Blut überall zu retten, sollte ich durch Zufall in die Gefangenschaft von Feinden geraten.»

Im Vertrauen auf Jakobus verließ der Kaufmann die Stadt, kehrte nach Hause zurück und begab sich auf den Weg nach Sizilien. Unterwegs wurde sein Handelsschiff von Sarazenen überfallen, die die Waren an sich rissen und den Kaufmann in ihre Gewalt brachten. Fortan wurde der Händler auf Sklavenmärkten feilgeboten und insgesamt dreizehn Male verkauft, doch keiner der Käufer vermochte ihn längere Zeit bei sich zu halten. Obgleich eher schmächtig von Natur, gelang es dem Sklaven auf sonderbare Weise jedes Mal, seine Ketten zu sprengen. Man brachte ihn auf Märkte nach Persien und Indien, nach Äthiopien und Alexandrien. Über Nordafrika führte seine lange, beschwerliche Reise zurück auf die Iberische Halbinsel. Er landete in der Hafenstadt Almería und wurde aufs Neue von einem maurischen Peiniger gefesselt, diesmal mit zwei Ketten um die Beine. In seiner Not rief der Kaufmann den heiligen Jakobus an, der umgehend erschien und sagte:

«Höre mir zu, dreizehn Male bist du verkauft worden. Stets habe ich deine Ketten gebrochen, aber weißt du nicht, dass du etwas Wichtiges vergessen und dich deshalb größten Gefahren ausgesetzt hast?»

Fragend schaute der Händler auf. Er wusste keine Antwort.

«In meiner Basilika hast du einst für die Rettung deines Leibes gebetet, aber nicht für das Heil deiner Seele. Auf Sendung des Herrn werde ich dich nun ein weiteres Mal befreien», fuhr Jakobus fort, brach die Ketten und trug dem Händler zum Abschied auf: «Nimm einen Teil der Ketten und ziehe unter meinem Schutz nach Santiago. Hole nach, was du einst in meiner Basilika vergessen.»

Jakobus verschwand.

Ungehindert verließ der Händler den Kerker und begann seinen Marsch durch maurisches Feindesland mit seinen Burgen und bewehrten Dörfer. Fest umklammert hielt er in Händen ein Stück der Ketten, das er, sobald ein feindlicher Angriff zu befürchten stand, weithin sichtbar in die Höhe hielt. Auf dieses Zeichen hin suchten die Angreifer und selbst wilde Tiere das Weite, so sagt man. Nach Wochen erreichte er Santiago und tat in ehrfurchtsvoller Buße, was ihm der Apostel aufgetragen.

✳ *Papst Calixtus II., der im* Codex Calixtinus *als Autor dieser Wundergeschichte genannt wird, unterstreicht deren Wahrheitsgehalt. Als dieser Santiago-Büßer wieder einmal auf Pilgerschaft war, die Ketten in Händen tragend und die nackten Füße aufgerissen, da «habe ich diesen Mann zwischen Estella und Logroño selber getroffen, und da hat er mir all die Dinge erzählt».*

✳ JAKOBUS DER BEFREIER

In einigen Wundergeschichten trat Jakobus als Befreier aus maurischer Gefangenschaft auf, was seinen Ruf im Sinne der Reconquista verstärkte. Einer der Schauplätze war Zaragoza, jene Stadt, in der ihm Maria während seiner Mission beigestanden hatte. Dort warfen die Sarazenen zwanzig Christen, darunter einen mit geistlichen Würden, in die finstersten Kerker. Der Heilige brach ihre Ketten, führte sie heil aus dem Verlies, wobei sich die Tore auf ein Kreuzzeichen des Heiligen hin öffneten.

Ein anderes Mirakel rankt sich um einen gewissen Bernardus, den seine Feinde im italienischen Corzano in einem Kastell inhaftierten. Tag und Nacht sehnte er die Hilfe des Jakobus herbei, bis dieser erschien, die Ketten löste und sagte: «Komm und folge mir nach Galicien.» Dann ließ ihn der Heilige unverletzt vom Burgturm springen und entkommen. Eine weitere Wundererzählung berichtet von einem Händler, der seine Waren zu einem fernen Markt bringen wollte. Zufällig begegnete er in seiner Heimatstadt dem Herrn jenes Landstrichs und ersuchte ihn um schützendes Geleit zu jenem Marktflecken. Dieser gab ihm sein Ehrenwort. Gemeinsam reisten sie in die Gegend.

Unterwegs riss der Herr, angestiftet vom Teufel, die reiche Habe seines Begleiters an sich und kerkerte ihn ein. Die Hilferufe des Kaufmanns blieben nicht ungehört. Jakobus eilte hinzu und verhalf ihm zur Flucht.

Manche der wundersam Befreiten nahmen ihre gesprengten Ketten mit auf ihre Wallfahrt und legten sie zu Ehren des Jakobus in der Basilika nieder. Auch anderen Heiligen, denen der Ruf als «Befreier von Gefangenen» nachhing, wurden solcherlei Ketten überbracht. Dazu zählt der von den Santiago-Pilgern ebenfalls sehr verehrte Santo Domingo de Silos.

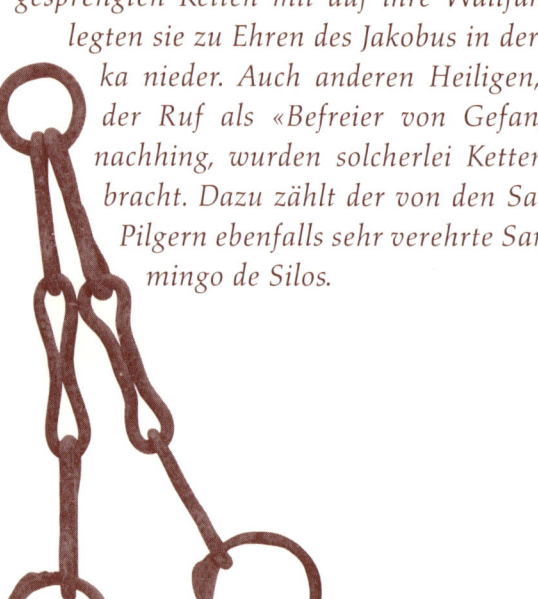

V. WIE DER HEILIGE JAKOBUS ZAHLLOSEN PILGERN ZUR HILFE UND ZUM GUTEN BEISPIEL WURDE

Alle Wege führen nach Santiago de Compostela. Und all jene Pilger, die aufrichtigen Glauben beweisen, Buße tun, ein Gelübde ablegen oder dem Apostel gegenüber Dank bezeigen wollen, treffen wohlbehalten ein. Unterwegs darf ein jeder auf Gottes und des Heiligen Hilfe hoffen, vorausgesetzt, man zeigt blindes Vertrauen. «Alles ist dem möglich, der glaubt», zitiert der Verfasser des Codex Calixtinus *die Worte Jesu im Zusammenhang mit dem Jakobswegwunder in den Montes de Oca, bei dem der Apostel einem verstorbenen Jungen die entwichene Seele zurück in den Leib setzt. Manche Mirakel haben ihren Kern im* Codex Calixtinus, *tragen den belehrenden und ermahnenden Charakter von Gleichniserzählungen, vermitteln Tugenden und Moral. Wer ein Versprechen bricht, zieht sich den Zorn des Jako-*

bus zu, wie die Ehrenmänner aus Lothringen, die ihren erkrankten Gefährten am Rande der Pyrenäen im Stich lassen. Wer andere in den Tod stürzt, endet selber am Strang, lehrt das Galgenwunder. Jakobus mahnt und bestraft, er ist Vorbild und lindert das Leid. In allen Überlieferungen strahlt sein Einfluss weit aus – bis hin zur Heilkraft einer Jakobsmuschel und dem geheimnisvollen Bildnisfund des «schwarzen Jakobus». Am Jakobsweg steht der Heilige treuen Pilgern bei, selbst wenn er tödliche Tragik nicht immer abwenden kann, wie im Wunder um den geborgten Esel. Gefährlich wird es auch, wenn der Teufel ins Spiel kommt und sich als Jakobus ausgibt …

DER VEREITELTE
TOD DES UNSCHULDIG
ERHÄNGTEN PILGERS

Eine kleine deutsche Pilgergruppe wählte einstmals den Jakobsweg über Toulouse, Knotenpunkt vieler Santiago-Wallfahrer auf der Via Tolosana. Dem Grüppchen gehörte eine Familie an, Vater, Mutter und der halbwüchsige Sohn. Im Gegensatz zu vielen anderen Pilgern machten sie nicht den Anschein Bedürftiger und verrieten allzu deutlich, dass sie gewisse Rücklagen mit auf die Reise genommen hatten. Als sie nach einem langen Tagesabschnitt in Toulouse einzogen, trat ihnen ein wohlgekleideter Mann entgegen, hieß sie willkommen und sagte freundlich:

«Ich sehe, dass ihr nicht zu den Ärmsten gehört und sicher nicht in einem der Elendsquartiere absteigen wollt. Ich bin ein angesehener reicher Bürger und lade euch ein, zu mir zu kommen, wie ich es auch von euch in eurer Stadt erwarten würde. Wir Vermögende müssen zusammenhalten, nicht wahr?»

Die arglosen Pilger stimmten zu, der Mann fuhr fort:

«Bei mir findet ihr ausreichend Schlafplätze und müsst keine Sorge vor Diebstahl und üblem Gesindel haben. Später werde ich euch bewirten lassen, damit ihr frische Kräfte schöpft für den morgigen Tag.»

Das Angebot klang zu verlockend, um es auszuschlagen. Wann waren sie schon einmal so empfangen worden? Überglücklich ob solcher Gastfreundschaft willigten die Pilger ein und folgten dem Mann zu seinem Haus, einem stattlichen Domizil mit vielen Zimmern und Dienstpersonal. Bald nach der Ankunft fanden sie eine reich gedeckte Tafel vor, an der man ihnen allerlei Köstlichkeiten servierte. Man trug Fisch und Fleisch auf, Gemüse und Käse, getrocknetes Obst und Süßspeisen. Dazu gab es reichlich Wein, der ständig nachgeschenkt wurde. Er verabscheue nichts so sehr wie leere Becher, sagte der Gastgeber, lachte und munterte sie ein ums andere Mal zum Trunk auf. Dass er selber nur Wasser zu sich nahm, bemerkte niemand. Der Mann erzählte Begebenheiten von seinen weiten Reisen, die Pilger berichteten von ihren Erlebnissen seit dem Verlassen der Heimat. Es war eine lustige Runde, die bis in die späten Abendstunden zusammensaß. Allmählich machte sich Müdigkeit unter den Pilgern breit, denen die Strapazen des Tages und der Weinkonsum erheblich zugesetzt hatten. Bettschwer suchten sie die vorbereiteten Kammern auf und fielen in tiefen Schlaf. Als der Mann die gleichmäßigen Atemzüge seiner Gäste vernahm, schlich er in eines der Zimmer, durchwühlte vorsichtig ein Bündel und versteckte tief unten einen silbernen Becher. Zufrieden begab er sich zur Ruhe.

Am Morgen bekamen die Santiago-Pilger eine weitere stärkende Mahlzeit und konnten beim Abschied gar nicht genügend Worte des Dankes finden. Kurz nach dem Aufbruch hallten aufgeregte Schreie hinter ihnen her.

«Gebt mir mein Silber zurück! Gebt mir sofort mein Silber zurück!»

War das nicht die Stimme ihres freundlichen Gastgebers? Als sie sich umschauten, sahen sie, wie er in Begleitung bewaffneter Schergen gelaufen kam.

«Dort sind sie, die Diebe!», rief er und deutete auf die Pilger.

Überrascht hielt das Grüppchen inne.

«Irgendeiner von euch hat mich bestohlen», hielt ihnen der scheinheilige Gastgeber vor. «Mir fehlt ein silberner Becher.»

«Wie kommst du dazu?», fragte einer der Pilger. «Wir sind kein Geschmeiß, wir haben genügend Mittel dabei!»

«So fordere ich all eure Wertsachen ein, falls ich den Becher bei einem von euch finde», entgegnete der Mann und setzte hinzu: «Und der Dieb möge vor den Richter kommen.»

«Wenn das dein Wille ist, so soll er erfüllt werden», sagte der Pilger im Namen der anderen.

Die Helfer des Mannes durchsuchten aller Gepäck und wurden im Bündel der Familie fündig. Es war der Reisesack von Vater und Sohn. Die Mutter brach in Tränen aus, als man die beiden abführte und dem Gericht übergab.

«Keine Frage, auf Diebstahl steht der Tod am Galgen», befand der Richter, dem nicht ganz wohl bei der Sache war. Die beiden Pilger hatten, glaubhaft wie niemals Angeklagte zuvor, ihre Unschuld beteuert. Der Richter verspürte Mitgefühl und sagte:

«Nur einer von euch kann der Dieb gewesen sein und kommt an den Strang, den anderen spreche ich frei.»

Da wollte sich der Vater für den Sohn aufopfern, doch dieser entgegnete:

«Nein, geliebter Vater, das ist nicht gerecht.

Mutter braucht dich mehr als mich. Ich nehme die Strafe auf mich.»

Im Beisein von zahlreichen Schaulustigen wurde der junge Pilger öffentlich gehängt. Die Eltern verließen die Stadt voller Gram und zogen mit ihren Gefährten nach Santiago de Compostela, wo sie am Altar des Apostels für ihren Sohn beteten. Viele Wochen später kamen sie auf dem Rückweg nach Deutschland erneut durch Toulouse und sahen, dass ihr Sohn, verschont von Fäulnis, noch immer am Galgen hing.

«Unser Junge, unser geliebter Junge, unser Ein und Alles», schluchzte der Vater, stürzte auf den Henkerspfahl zu und warf sich auf die Knie in den Staub. «Niemals werde ich mir verzeihen, wie ich zulassen konnte, dass du für mich gestorben bist!»

«Was heißt gestorben?», vernahm er eine allzu bekannte Stimme.

Entgeistert schaute er auf und traute weder Augen noch Ohren. War es möglich, dass sein Sohn, die Schlinge um den Hals, zu ihm sprach?

«Vater, Mutter, trauert nicht», sagte der Sohn mit fröhlicher Stimme. «Schaut her, ich atme, ich lebe und fühle mich wohl wie niemals in meinem bisherigen Leben. Jakobus, der gütige Heilige, der Helfer in aller Not, hält mich mit seinen Händen.

Seht ihr ihn denn nicht? In all der Zeit seit eurem Weggang hat er mich mit sanften Worten getröstet!»

Aufgebracht stürmte der Vater durch die Straßen und verkündete das Wunder. Die Menschen liefen herbei, auch der Richter. Unter Freudenschreien nahm man den Pilger vom Henkerspfahl ab und gab ihn den Eltern zurück. Nun wussten alle, dass der Junge zu Unrecht verurteilt worden war und wer mit seiner unersättlichen Gier die Schuld trug.

«Hier ist er!», rief plötzlich jemand und deutete auf den reichen Mann, der ebenfalls gekommen war und sich im Gewühl versteckt hielt. Da packten sie ihn und machten kurzen Prozess. Unter dem Jubel der Menge hängte man den niederträchtigen Gastgeber auf.

Man schrieb das Jahr 1090, als sich diese Geschehnisse zutrugen. Die Kunde vom Galgenmirakel verbreitete sich wie ein Lauffeuer über den Jakobsweg …

✳ HINTERGRÜNDE ZUM GALGEN-
MIRAKEL, DAS ZUM HÜHNER-
WUNDER WURDE

*Das Galgenwunder ist in unzähligen Dar-
stellungen und Variationen verbreitet und greift
mit dem vermeintlich gestohlenen Becher ein Motiv aus der Josephsgeschichte auf (Genesis 44, 1–
34). Joseph, von seinen Brüdern für zwanzig Sil-
berstücke nach Ägypten verkauft und später vom
Pharao zum Unterkönig ernannt, empfängt seine
Brüder zweimal unerkannt im Palast und stellt sie
auf die Probe. Zum Abschied weist er den Haus-
verwalter an, einen silbernen Becher im Sack seines Lieblingsbruders Benjamin zu verstecken.
Benjamin wird des Diebstahls bezichtigt und soll
sein Vergehen durch Schuldknechtschaft büßen.
Da tritt Juda hervor, der sich bei dem Vater für
Benjamin verbürgt hatte, und will stellvertretend
die Strafe auf sich nehmen. Erst da gibt Joseph unter Tränen seine Identität den Brüdern preis.
Im Laufe der Pilgerzeiten bekam das Galgenmirakel am Jakobsweg neue Konturen. Der Schauplatz
Toulouse wurde in die Gegend zwischen Logroño
und Burgos verlegt, der Apostel Jakobus vom lokal
bedeutsamen Heiligen Dominikus, Santo Domingo
de la Calzada, abgelöst. Und statt des Wirtes legte*

eine lasterhafte Magd Hand an, um den silbernen Becher zu verstecken. Damit übte sie Rache an einem jungen Pilger, der ihr fleischliches Begehren zurückgewiesen hatte. Zum Erzählstoff gesellten sich außerdem ein gebratener Hahn und eine gebratene Henne hinzu. Diese schickte sich der Landrichter gerade an zu verspeisen, als der Vater aufgeregt zu ihm gelaufen kam und berichtete, dass sein Sohn noch lebte. «Der Spross ist so lebendig wie der Hahn und die Henne vor mir», entgegnete der Richter abschätzig, worauf sich die Tiere von der Tafel erhoben und wegflogen. So wurde aus dem Galgen- das Hühnerwunder, doch wo spielte sich das Ganze ab? Über die spätmittelalterliche Legendensammlung «Der Heiligen Leben» bringt Jakobs-

wegforscher Hans Gerd Rötzer das Örtchen Belora-
do ins Spiel, von wo aus die Hühner ein Stück weiter flogen bis Santo Domingo de la Calzada. Sie
wollten einfach nicht dort bleiben, wo ein ungerech-
tes Urteil ergangen war. In anderen Quellen ist das
nach dem Heiligen benannte Santo Domingo de la
Calzada unumstößlicher Schauplatz. In der dortigen Kathedrale erinnert heute ein Hühnerstall mit
lebendigem Federvieh an das Mirakel. Dieser Käfig
ist verglast und liegt über dem Abgang zur Gruft
des heiligen Domingo de la Calzada.

DER PAKT MIT
DEM SATAN

Es mag sich einst im Vorland der Pyrenäen zugetragen haben, als ein allein daherziehender Bursche an einer Quelle rastete. Er hatte nur noch wenig Geld für seine Pilgerschaft in der Tasche und ahnte, dass ihn die Zöllner vor dem baldigen Aufstieg in die Berge um den Rest bringen würden. Ihm war viel von diesen betrügerischen Gesellen erzählt worden, die auf der Suche nach Barschaft sogar die Kleidung und das Gepäck der Santiago-Pilger durchwühlten.

Plötzlich tauchte der leibhaftige Teufel an der Quelle auf.

«Wohlan, Pilger», sprach der Höllenfürst verschlagen, «was bedrückt dich? Ist es vielleicht so, dass dein Erspartes nicht ausreicht bis Santiago und wieder zurück? Du hast einen sehr langen Weg vor dir.»

«Lass mich in Ruhe», sagte der Bursche verächtlich und wendete sich ab.

«Oh, solche Worte höre ich gar nicht gerne», entgegnete der Satan und ließ nicht locker. «Ich wüsste, wie ich dich aus deiner Not befreien könnte.»

Der Pilger horchte auf.

«Wie willst du mir helfen, Elender?», fragte er.

«Es ist ganz einfach», erklärte sein Gegenüber und rieb sich die vogelartigen Krallen. «Du verkaufst mir deinen Schatten und deine Seele. Den Schatten will ich jetzt, die Seele, wenn es so weit ist.»

«Und was bietest du mir dafür?»

«Nun, ich verspreche, dass du immer mehr Münzen in der Tasche haben als du brauchen wirst. Sobald du einen Teil ausgibst oder man dir welche abnimmt, findest du umgehend neue vor.»

Da freute sich der einfältige Bursche sehr.

«Von nun an kann mir niemand mehr etwas anhaben, auch die Zöllner nicht», sprach er triumphierend zu sich selbst. «Und ich kann immer in guten Lagern nächtigen. Ist es nicht genau das, was ich brauche?»

In beiderseitigem Einvernehmen schlossen der Pilger und der Teufel den Pakt. Luzifer stahl sich mit dem Schatten davon, der Bursche setzte gut gelaunt seine Wanderschaft fort. Bald jedoch merkte er, wie misstrauisch man ihn überall beäugte. In den Herbergen, wo er mit gutem Geld bezahlte, fühlte er sich wie ein Lepröser empfangen, sobald er im Lichtschein am Tische Platz nahm. Unterwegs mied ein jeder seine Gesellschaft. Als er eines Mittags unter stechender Sonne in einem Dorf eintraf, liefen ein paar Kinder kreischend vor ihm davon. Ohne Schatten wirkte er wie eine todbringende Erscheinung. Auf Dauer litt der Bursche so sehr unter seinem Zustand, dass er sich entschloss, seinem Leben ein Ende zu setzen. Als er am Gebirgsfuß der Pyrenäen einen tiefen Brunnen erreichte, stieg er auf den Rand und beugte sich nach vorn, um sich kopfüber in die Tiefe zu stürzen. Ganz in der Nähe wartete gierig der Teufel – seine Rechnung war aufgegangen, bald würde er die Seele bekommen! Im selben Augenblick war ein geheimnisvoller Pilger zugegen, fing den Burschen im Sturz mit seiner Pelerine auf und hob ihn wohlbehalten neben den Brunnen. Der Umhang verwandelte sich in den Schatten des Burschen.

«Verdammt seiest du, Jakobus!», rief der Teufel dem unverhofft aufgetauchten Pilger hinterher.

Der Bursche setzte seine Wanderung fort. In seiner Tasche fand er eine letzte Münze.

✳   *Im wahren Pilgerleben war die Angst vor den Zöllnern nicht unbegründet. Ungeschminkt prangerte der* Codex Calixtinus *deren Machenschaften an und richtete sein Augenmerk auf die Gegend um Ostabat und Saint-Jean-Pied-de-Port. Die dortigen Zolleintreiber, so heißt es, «sind solche Bösewichte, dass sie die absolute Verdammung verdienen». Sie stellten sich den Pilgern «mit zwei oder drei Prügeln bewaffnet» entgegen und würden sie bedrohen, schlagen und gewaltsam durchsuchen, um ihnen die «ungerechtfertigten Abgaben» abzunötigen.*

JAKOBUS UND DIE TREULOSEN EHRENLEUTE

Es begab sich im Jahre 1080, als dreißig Männer aus Lothringen zum Apostelgrab nach Galicien aufbrachen. Es waren allesamt Ehrenleute, die sich, so sagt man, vor ihrem Abmarsch zu einem Treueschwur zusammenfanden.

«Auf unserer Pilgerschaft wollen wir uns für Zeiten der Not und der Entbehrung und in der Stunde unseres Todes gegenseitig Hilfe und Beistand zusichern», gelobten sie feierlich, wohl ahnend, dass nicht alle die Heimat wiedersehen würden.

Nur einer der Männer hielt sich abseits und gab sein Wort nicht.

Die Gefährten machten sich auf, zogen durch die weiten Gegenden Frankreichs und bewältigten die Strapazen, bis sie wohlbehalten den Landstrich der Gascogne erreichten. Dort wurde plötzlich einer der Pilger krank. Er fühlte sich zu schwach, um weiter marschieren zu können. Statt länger in einem der Orte am Wege zu bleiben und ihm Zeit zur Genesung zu geben, waren seine Kameraden auf zügiges Fortkommen bedacht und besannen sich auf ihren Eid. Einmal setzten sie ihn ein Wegstück lang auf den Rücken eines Begleitpferdes, ein anderes Mal nahmen sie ihn abwechselnd auf und trugen ihn auf ihren Schultern oder in den Armen voran. Der Transport des Kranken zehrte an den Kräften der Männer, zumal die Gegenden rauer und die Strecken im Vorland der Pyrenäen beschwerlicher wurden. Sie schafften es bis zum Gebirgsfuß, doch hatten sie für eine Passage, die im Regelfall an einigen wenigen Tagen zu bewältigen war, das Dreifache an Zeit gebraucht. Übermüdet und ausgelaugt machten sie vor dem Aufstieg auf die Passhöhen der Pyrenäen eine Rast und fassten den Entschluss, ihren Gefährten zu verlassen.

«Er ist dem Tode geweiht und raubt uns unsere eigenen Kräfte, die wir im Gebirge dringend brauchen werden», sagte einer unter dem zustimmenden Nicken der anderen. Dann kehrten sie sich ohne weitere Rücksicht ab, nahmen ihre Packtiere und setzten ihren Pilgerzug fort. Einzig jener Mann, der keinen Treueeid abgelegt hatte, blieb bei dem Hilfsbedürftigen und wachte die kommende Nacht in einem Örtchen namens Saint-Michel an seiner Seite. Am Morgen, als Sonnenglanz über den Bergen lag und das Grün der Wiesen und Bäume sich gegen den strahlend blauen Himmel abhob, fühlte sich der Kranke wesentlich besser. Er wolle an diesem Tag unter allen Umständen hinauf auf den Pass, sagte er, vorausgesetzt, er dürfe die Hilfe des Freundes in Anspruch nehmen. Der treue Begleiter willigte ein und bekundete, er werde ihn bis zu seinem Tod nicht verlassen. Es sollte ihr letzter gemeinsamer Tag sein ...

In Saint-Michel packten sie ihre Bündel und den kärglichen Proviant, die Stöcke und die Trinkkalebassen. Bald sah man, wie die beiden Gestalten in ihren weiten Umhängen, dicht an dicht und jeder auf seinen Stecken gestützt, im Gebirge verschwanden. Der Gedanke an das Ziel, die Überquerung des Passes, verband sie und ließ sie all die Gefahren vergessen, von denen man ihnen berichtet hatte. Vor Wegelagerern und Wölfen hatte man sie gewarnt, vor den Wetterwechseln und dem barbarischen Volk der Basken. Zu Tagesbeginn kamen sie gut voran, ließen die Tiefen des Tales hinter sich und begegneten keiner Menschenseele. Unablässig zog sich der Pfad steil und steinig bergauf. Trotz des Schattens, den die Blätterdächer der Bäume spendeten, nahm die Hitze über Mittag zu. Ihr beider Atem ging schneller, immer öfter verlangte der Kranke nach einer Pause, nach Wasser. Mühsam kam er erneut auf die Beine und schleppte sich mit Hilfe seines Kameraden voran, der ihm stützend unter die Arme griff und allmählich selber seine Kräfte schwinden sah. Das Gelände wurde unwirtlicher, schroffer, felsiger. Als die Sonne hinter den Gipfeln versank, wurden ihre Strapazen belohnt. Endlich erreichten sie die ersehnte Passhöhe.

«Wir haben es geschafft, endlich geschafft», stöhnte der Kranke. Es waren seine letzten Worte, ehe das Lebenslicht endgültig in ihm erlosch. Ohnmächtig sank er nieder und hauchte sein Leben aus.

Wortlos starrte der Zurückgebliebene auf seinen Gefährten, der neben ihm auf dem harten Gebirgsboden lag. Er bemerkte, wie Angst in ihm aufstieg, spürte die aufziehende Kälte der Nacht, die Einsamkeit. Voller Furcht schaute er um sich und ließ den Blick über Felsgebilde schweifen, die wie geisterhafte Silhouetten wirkten.

«Heiliger Jakobus, bitte», flüsterte er, «lass mich hier nicht allein.»

Im selben Moment tauchte ein Reiter in einem leuchtenden Strahlenkranz auf, der niemand anders war als der Apostel.

«Du hast mich gerufen, Bruder? Was machst du hier?», sprach er hoch von seinem weißen Pferd herab zu dem Fremden.

«Herr», antwortete der Mann, «zuerst möchte ich meinem Gefährten eine Stelle für seine letzte Ruhe bereiten, doch habe ich nichts, womit ich ihn in dieser Öde begraben könnte.»

«Hebe den Toten auf und reiche ihn mir», sagte Jakobus.

Der Mann tat, wie ihm geheißen.

Vorsichtig zog Jakobus den Verstorbenen zu sich heran, setzte den leblosen Körper aufrecht vor sich hin und umfasste ihn mit beiden Armen.

«Und nun nimm hinter mir Platz und halte dich gut fest», wies er den Mann an, dem er auf den Rücken des Schimmels half. Dann sprengte das Ross mit den drei Männern fort und erreichte vor Anbruch des Morgens den Monte do Gozo, den «Berg der Freude» vor Santiago de Compostela.

«Geh in die Basilika», trug Jakobus dem Mann zum Abschied auf, «und bitte die Priester dort um eine würdevolle Bestattung dieses Pilgers.»

Dann setzte er hinzu:

«Sobald du siehst, dass die Priester ihr Werk verrichtet haben und du eine ganze Nacht lang, wie üblich, mit Gebeten verbracht hast, begibst du dich auf den Rückweg. In einer Stadt, die León heißt, wirst du die anderen Männer wiedertreffen und ihnen Folgendes von mir ausrichten: ‹Dadurch, dass ihr den Schwur gegenüber eurem Gefährten treulos gebrochen habt, lässt euch der heilige Apostel durch mich mitteilen, dass ihm eure Gebete und eure Pilgerschaft solange zutiefst missfallen, bis ihr eine angemessene Buße getan habt.›»

Im selben Augenblick löste sich die Erscheinung des Jakobus vor dem Mann in Luft auf.

Der treue Pilger befolgte die Weisungen des Heiligen und trat den Weg in die Heimat an. In León begegnete er tatsächlich den verbliebenen achtundzwanzig Männern aus Lothringen, denen er alle Einzelheiten seit ihrer Trennung erzählte und ihnen den Zorn des Jakobus bestellte. Niemand zweifelte an den Worten des alten Gefährten, sondern alle versanken in Scham ob ihrer Tat. Umgehend suchten sie den Bischof von León auf, bereuten glaubhaft ihre Sünde und taten Buße. Schließlich vollendeten sie ihre Pilgerfahrt nach Santiago.

✳ *Der Verfasser dieses im* Codex Calixtinus *aufgeführten Wunders, ein gewisser Hubertus aus Besançon, stellt die Geschichte in Beziehung zu einer Textstelle aus dem Buch Kohelet (Prediger Salomo) 5,4: «Du machst besser gar kein Gelübde, als dass du gelobst, und hältst es nicht.» Dem voraus geht der Appell: «Hast du Gott etwas gelobt, so säume nicht, es zu erfüllen. Denn kein Gefallen hat er an Toren. Was du gelobt hast, erfülle!»*

✳ SCHAUPLATZ PYRENÄEN

Einige Legenden spielen im Gebiet des Hauptübergangs in den Pyrenäen, der von den Pilgern nach wie vor begangen wird. Maßgeblich ist der 1057-Meter-Pass Ibañeta, wo die moderne Kapelle San Salvador zu sehen ist und daneben ein winziger Hügel mit Kreuzen. Diese kleinen Kreuze, manche aus einfachen Ästen und mit Pflasterstreifen zusammengebunden, sind Zeichen des Angekommenen-Seins der Pilger und Symbole der Verbundenheit mit dem karolingischen Sagenzyklus. Karl der Große soll in dieser Gegend, einst als Passhöhen von Cize, Ports de Cize, bekannt, ein Kreuz aufgestellt haben.

Hinter Saint-Jean-Pied-de-Port gabelt sich die Strecke: Der «Obere Weg» führt in einer weiten Schleife zum Kloster von Roncesvalles; dieses Teilstück deckt sich mit dem Verlauf der historischen Römerstraße von Bordeaux nach Astorga. Direkter bindet der «Untere Weg» über Valcarlos und den Ibañeta-Pass an. Beide Varianten fallen unter die sogenannte «Französische Route», während der zweite große Pyrenäenübergang von Somport zur «Aragonesischen Route» gehört. Diese verläuft weiter südöstlich und steigt auf dem Weg von Oloron-Sainte-Marie nach Jaca fast 1650 Meter hoch an.

DER UNKEUSCHE PILGER UND DER TEUFEL ALS FALSCHER JAKOBUS

In einem Dorf bei Lyon lebte einmal ein einfacher Handwerker, der Jakobus über alles verehrte und jedes Jahr die Basilika in Santiago aufsuchte. Er hieß Giraldus, war jung an Jahren und ungebunden. Kurz vor einer neuerlichen Pilgerschaft fiel er in Sünde und gab sich mit größter Wollust dem Verlangen hin, ohne die Frau zur Gemahlin zu nehmen. Der Mann tat, als ob nichts gewesen wäre, und trat in Begleitung zweier Freunde und eines Lastesels seine lange Wanderschaft nach Santiago an. Bald gesellte sich ein Bettler dazu, dem sie zu essen gaben und der fortan nicht von ihrer Seite wich. In einem stillen Augenblick trat ein Unbekannter an den unkeuschen Pilger heran und brachte ihn in Verlegenheit.

«Weißt du, wer ich bin?», fragte der Fremde.

«Wie sollte ich das wissen?», fragte der Handwerker arglos zurück.

«Ich bin der Apostel Jakobus, den du all die Jahre

beehrt hast und zu dessen Grab du wieder einmal aufgebrochen bist. Es sei dir gesagt, dass ich große Hoffnungen in dich gesetzt hatte, aber kurz vor deinem Aufbruch bist du dem Willen des Fleisches erlegen und hast es weder bereut noch gebeichtet.»

Giraldus fühlte sich ertappt und schaute beschämt zu Boden. Die Vorwürfe trafen ihn wie giftige Pfeilspitzen.

«Und nun hast du deine Sünde mit auf den Weg genommen und denkst, deine Pilgerschaft sei meiner und Gottes würdig?», fuhr der andere fort. «Weißt du nicht, dass jeder, der sich zu meiner Liebe willen auf den Weg macht, vorher seine Sünden in demütiger Beichte bekennen und sich in gestrenger Buße auf den Pilgerweg begeben muss? Wer dagegen verstößt, ist mir nicht willkommen, du Unzüchtiger!»

Mit diesen Worten verschwand der vermeintliche Heilige vor seinen Augen.

In Giraldus stiegen die schmerzlichsten Gewissensbisse auf und ließen ihn seine Schuld beweinen. Er blieb hinter dem kleinen Tross der drei Gefährten zurück und überlegte hin und her, was zu tun und wie Jakobus zu besänftigen sei und ob er in seine Heimat zurückkehren sollte, um zu beichten. Kurz darauf stand der Unbekannte aufs Neue neben ihm.

«Was weinst du und grübelst?», höhnte er und schien seine Gedanken lesen zu können. «Ob du deinen Pfarrer zu Hause aufsuchen sollst? Glaubst du, ein solch ungeheures Vergehen sei einfach so aus der Welt zu schaffen? Folge meinem Rat und du wirst gerettet, andernfalls wird es dir übel ergehen!»

«Was schlägst du mir vor, großer Jakobus?», fragte der Pilger, der nicht im Geringsten ahnte, dass sein Gegenüber in Wahrheit der Teufel in menschlicher Gestalt des Heiligen war. «Ich werde alles befolgen, was du verlangst.»

«Das höre ich gerne», sagte der andere. «Wenn du dich von deiner Schuld befreien willst, gibt es nur eine Lösung. Du musst dir jene Teile abschneiden, mit denen du gesündigt hast!»

«Dann werde ich heftig bluten und sterben, oder nicht?», entgegnete Giraldus entsetzt. «Wer Hand an sich legt, habe ich gehört, ist in Gottes Augen verwerflich.»

«O Einfältiger, wie wenig weißt du von deiner wahren Rettung! Zögere nicht, dir abzutrennen, was ich dir aufgetragen, sonst werde ich deine Seele niemals empfangen! Du wirst als Märtyrer an meine Seite treten, was könnte es Größeres für dich geben! Bedenke, dass ich der heilige Apostel

Jakobus bin, der dich liebt und sich deiner aufrichtig annehmen will!»

Giraldus vertraute keinem seiner Gefährten die Begegnung an. Er wartete die kommende Nacht ab, bis sie Unterkunft in einem Dorf gefunden hatten. Während der Esel im Stall und der Bettler an anderer Stelle schlief, teilten sich die drei Freunde einen Raum des Gasthauses. Der Mond warf einen fahlen Schein durch den Fensterladen, als man Giraldus mitten in der Nacht aufstehen und in die äußerste Ecke des Zimmers schleichen sah. Er zog ein Messer hervor, schlug leise ein Kreuz und verschnitt seinen Leib. Rasend vor Schmerz verlor er das Bewusstsein. Irgendetwas weckte die Mitpilger aus dem Schlummer. War es ein Schnaufen des Esels im Stall gewesen? War es ein Röcheln? Sie entzündeten ein Licht und starrten entsetzt auf Giraldus, der inmitten einer Blutlache lag.

«Was fehlt dir, um Himmels Willen? Was ist passiert?», flüsterte einer der Freunde erregt.

Giraldus gab keine Antwort mehr. Er tat seine letzten Atemzüge und hauchte sein Leben aus. In den Gesichtern der beiden Kameraden stand nackte Angst.

«Was immer hier vorgefallen ist, sie werden uns des Mordes bezichtigen!», wisperte der andere. «Wir müssen fliehen, sofort!»

In Windeseile rafften die beiden ihre Sachen zusammen und bewegten sich so lautlos wie möglich. Sie ließen Giraldus, den Esel und den Bettler zurück und stahlen sich aus dem Gasthof in die Finsternis davon.

Am Morgen entdeckten die Wirtsleute den Leichnam. Sie benachrichtigten den Pfarrer und verständigten die Nachbarn, die ihnen halfen, den Getöteten auf einer Bahre zur Kirche zu schaffen. Aus dem Körper sickerte nach wie vor Blut, so heißt es, weshalb sie ihn nicht ins Gotteshaus hineintrugen, sondern neben dem Portal ablegten. Dann machten sie sich auf dem benachbarten Friedhof daran, ein Grab auszuheben. Plötzlich erhob sich Giraldus auf der Bahre. Jene, die es sahen, erblassten vor Schreck und rannten weg.

«Ein lebendiger Toter! Ein lebendiger Toter!», hallte es durch die Gassen.

Die Schreie lockten andere Dörfler an. Ihre Neugier siegte über die Furcht. Sie bewaffneten sich mit Spaten und Heugabeln und marschierten gemeinsam zur Kirche, wo Giraldus unverändert auf seiner Bahre saß.

«Kommt näher, kommt näher», winkte er sie heran und begann eine lange Geschichte. Er erzählte ihnen von seiner Liebe zum heiligen

Apostel, seiner alljährlichen Wallfahrt nach Santiago, seinen Gefährten und wie ihm der Teufel unterwegs als falscher Jakobus erschienen sei und ihn in den Tod getrieben habe. Darauf habe seine Seele den Körper verlassen und sei von den Dämonen umringt worden, doch plötzlich sei der wahre Jakobus aufgetaucht und habe sich zwischen sie gestellt. ‹Ihr falsche Sippschaft›, habe er ihnen zugerufen. ‹Was fällt euch ein, die Seele meines Pilgers hinfortzuschaffen? Ihr habt ihn unter meinem geheiligten Namen betrogen!› ‹Das mag schon sein›, riefen die teuflischen Gestalten zurück, ‹doch er hat uns geglaubt und nun ist er unser!› ‹Was prahlt ihr damit?›, hielt Jakobus entgegen. ‹Die Seele wird euch nicht dauern, ihr Elenden!› ‹Ist es nicht eure Regel, dass niemand, der sich mit eigener Hand getötet hat, zu Gott kommen darf?›, empörten sich die Dämonen. ‹Er gehört zweifellos uns!›

‹So stellt euch dem Gericht der Jungfrau und Gottesmutter!› entschied Jakobus.

«Und dann brachte uns der Apostel vor die heilige Maria», fuhr Giraldus fort, «Mein Herz drohte zu zerspringen, als ich sie erblickte. Anmutiger und wonnevoller habe ich niemals jemanden gesehen. Sie war nicht groß und nicht klein, eher von mittlerer Statur, und sie hatte ein wunderschönes Antlitz. Jakobus, mein milder Anwalt, der sich unerschütterlich für mich verwendete, trug ihr die Begebnisse vor und schilderte, wie der Satan mich getäuscht hatte.»

Maria habe sich den Teufeln zugewendet und sie gefragt, ob es ihnen nicht mit ihrer eigenen Strafe reichte, in der Hölle zu sein, und ob sie ihre Schlechtigkeit noch verstärken wollten.

«Im Gegenzug warfen die Bösen dies und das ein», schilderte Giraldus, «aber die allerseligste Maria, die mich mit tiefer Güte anschaute, gebot, meine Seele wieder in meinen Leib zurückkehren zu lassen, damit sie einmal gerettet werde. Jakobus, mein getreuer Helfer, hat mir meine Verfehlung vergeben und mich hierhin begleitet. Und nun sitze ich vor euch und habe wahrhaft Zeugnis abgelegt, wie ich gestorben und wiedererweckt worden bin!»

Mit diesen Worten schloss der Pilger seinen Bericht. Die Dörfler, erfüllt von großer Freude, luden ihn reihum in ihre Häuser ein, gaben ihm zu essen und zu trinken und beherbergten ihn. Nach einiger Zeit setzte Giraldus, begleitet von dem Bettler und dem Esel, seine Pilgerschaft fort.

Kurz vor Santiago sah man zwei Wanderer, die sich ungläubig umschauten.

«Ob das nicht Giraldus und der Bedürftige sind, die da hinten kommen?», fragte der eine. «Wie kann das sein, da wir jenen tot und den zweiten lebendig verlassen haben?»

«Und der Esel ist auch dabei!», stieß der andere freudig aus.

Die Freunde feierten ein fröhliches Wiedersehen. Es gab viel zu erzählen. Gemeinsam zogen sie zum Grab des Apostels und zurück in die Heimat. Nur die Glieder seines Leibes, mit denen er gesündigt und die er sich nächtens abgetrennt hatte, erlangte Giraldus nie mehr zurück …

✳   Im Mittelalter wurde die Geschichte um den durch eigene Hand verstümmelten Pilger erzählt im Codex Calixtinus und in den Cántigas de Santa Maria, den marianischen Lobpreisgesängen von König Alfons X. dem Weisen (1221–1284). Während Alfons das Gewicht der heiligen Gottesmutter als Richterin betont, berichtet der Codex von den Folgeschäden der Verunstaltung des unkeuschen Pilgers: «Und im Bereich der genitalen Teile wuchs ihm das Fleisch wie zu einer Warze aus, durch die er Wasser ließ.» Ein solches Kuriosum weckte die Neugier anderer, die Giraldus zu stillen verstand: «Er zeigte die Narben her und ließ viele, die es wünschten, sogar die versteckteste Stelle sehen.»

❧

DER ESEL,
DER EIN ENGEL WAR

Im Jahre 1100, da in der Provinz Poitou ein Graf namens Wilhelm herrschte, wurde jener Landstrich im Westen Frankreichs von der Pest heimgesucht. Die Seuche breitete sich in tödlicher Schnelle aus. Während sich andere ihrem Schicksal ergaben, wollte ein Ehrenmann nicht abwartend zusehen, wie das grausame Sterben seine Nächsten erfasste. Zusammen mit seiner Frau und den zwei kleinen Söhnen begab er sich auf den Jakobsweg, um seine Familie zu retten und den Heiligen in Santiago de Compostela um Hilfe für die in der Heimat Zurückgebliebenen zu bitten.

Der Pilger nahm alles mit, was ihm auf der langen Reise dienlich sein könnte. Dazu gehörte ein Säckel voll Münzen sowie eine treue Stute, auf deren Rücken seine Frau und die beiden Söhne manch beschwerliche Passage hinter sich brachten. Um die Gesundheit der Mutter war es zunehmend schlechter bestellt, erste Fieberschübe und Schüttelfrost gaben Anlass zur Sorge.

Unter argen Entbehrungen überquerten sie die Pyrenäen und erreichten Pamplona, die erste größere Stadt in Spanien. Dort fand die Pilgerfamilie Unterschlupf in einer Herberge, in der sich der Zustand der Frau bedrohlich verschlimmerte. Es gab keine Rettung mehr. Sie verstarb. Listig machte sich der Gastwirt die Umstände zunutze, die Trauer, die Verständigungsprobleme, die bis zum Begräbnis verstreichende Zeit. Am Ende forderte er von dem Fremden für die Mahlzeiten und das Quartier eine maßlos übertriebene Summe. Der Witwer zog all seine Münzen hervor, aber das war dem betrügerischen Wirt nicht genug. Dieser rieb sich erst zufrieden die Hände, nachdem er dem Mann das Reittier als Gegenwert für die restlichen Schulden abgezwungen hatte.

In tiefer Betrübnis nahm der Pilger seine Kinder an die Hand, ließ die Mauern Pamplonas hinter sich und zog mühevoll weiter gen Santiago. Er wusste, dass sie nichts weiter besaßen als die Kleider auf dem Leib und fortan auf milde Gaben angewiesen waren. Kurz darauf begegnete ihnen ein anderer Pilger. Dieser ritt auf einem kräftigen Esel voran, war von respektablem Aussehen und trug wohlgeordnete Kleidung. Die beiden Männer kamen ins Gespräch.

«Endlich jemand, der mir zuhört», dachte der Mann aus dem Poitou und schüttete seinem Gegenüber das Herz aus. In einem fort erzählte er von der Geißel in seiner Heimat, vom Tod seiner geliebten Frau, seinem Schmerz, dem ausbeuterischen Wirt, den Sorgen um seine Kinder und ob sie es ohne ihre Stute bis Santiago schaffen würden. Als der Mann geendet hatte, sagte der Fremde:

«Ich kann deine Ängste gut verstehen. Um wohlbehalten ans Ziel zu gelangen, will ich dir meinen Esel borgen. Es ist ein starkes Tier, das deine beiden Söhne gut tragen kann. In Santiago, dort, wo ich wohne, wirst du mir den Esel zurückgeben.»

Er habe nichts, womit er ihm danken könne, entgegnete der Familienvater und fragte den Fremden:

«Wo werde ich dich in Santiago finden?»

«Sorge dich nicht, ich werde mich zu gegebener Zeit zu erkennen geben», sagte dieser und verschwand.

Wochen später trafen der Pilger aus dem Poitou und seine Kinder in Santiago ein. In der Basilika erwies er dem heiligen Jakobus die angemessene Ehre und betete für seine Frau und die Erkrankten daheim. Als er in der Kirche an der Nachtwache teilnahm und, wie alle anderen um ihn herum, eine Kerze in Händen hielt, bemerkte er, wie sich von der Seite eine Gestalt in einem leuchtenden Gewand näherte. Es war ein Mann, der leise an ihn herantrat und flüsterte:

«Erkennst du mich nicht wieder, Bruder?»

«In gewisser Weise, ja, doch, du kommst mir bekannt vor», stammelte der Wallfahrer überrascht, der tief in seine Gedanken versunken gewesen war und nun versuchte, sie zu ordnen.

«Lass mich dir helfen», sagte der andere, «ich bin der Apostel Christi, dem du hinter Pamplona begegnet bist. In deinen Stunden tiefsten Schmerzes habe ich dir meinen Esel geliehen. Und nun borge ich dir den Esel erneut, damit ihr unbesorgt nach Hause zurückkehren könnt. Zudem sei gesagt, dass der Gastwirt seine gerechte Strafe erhalten wird, überzeuge dich davon in Pamplona.»

Überwältigt von diesem Ereignis, verneigte sich der Pilger voller Ehrfurcht und wollte die Füße des Heiligen küssen, doch dieser war ebenso schnell verschwunden wie er gekommen war.

Bei Sonnenaufgang des kommenden Tages verließen der Pilger, die beiden Knaben und der Esel die Stadt Santiago. Ihre Reise verlief ohne Zwischenfälle. In Pamplona erfuhren sie, dass der bö-

se Gastwirt bei einem Unglück ums Leben gekommen war. Dann zogen sie über die Pyrenäen zurück in die Heimat und erreichten ihr Haus. Als die Kinder vor der Türe abstiegen, löste sich der Esel in Luft auf. Viele, die dies den Jakobspilger aus dem Poitou später erzählten hörten, mochten nicht glauben, dass es ein richtiger Esel war. Nein, sagten sie, es muss ein Engel in der Gestalt eines Esels gewesen sein, den der Herr all jenen schickt, die dringend seiner Hilfe bedürfen.

✳ ### NACHTWACHE UND GEBETS-
ERHÖRUNG IN SANTIAGO

*In mehreren Wundergeschichten ist von der Nacht-
wache und den Gebeten der Pilger in der Basilika von
Santiago de Compostela die Rede. Mehrmals erhellt
der* Codex Calixtinus, *mit welcher Freude und Völker
verbindenden Gemeinschaft sich die Pilger zu dieser
«ewigen Wache» einfanden: ob Deutsche oder Italie-
ner, ob mit Gesängen oder unter frohen musikali-
schen Klängen von Flöten und Leiern. «Die einen beweinen ihre Sünden, andere tragen die Psalmen vor,
wieder andere geben den Blinden ein Almosen», so
heißt es. Zum feierlichen Rahmen gehörten brennen-
de Kerzen, weshalb «die ganze Kirche wie von der
Sonne an einem klaren Tag» erleuchtet scheine. Zu
besonderen Anlässen, wie der Vigil des Jakobustages,
mahnte der Codex die Gläubigen zu respektablem
Verhalten. Man sitze nicht und schlafe nicht, sondern
stehe – auch wenn die Lider schwer werden. Um die
Müdigkeit zu vertreiben, überliefert der Codex, hielten viele Pilger bei der Nachtwache die entzündeten
Kerzen so dicht ans Gesicht, dass sie Bart- und Kopf-
haare versengten. Und viele betende Hüter könnten
bezeugen, wie es auch am Ende der Geschichte «Der
Esel, der ein Engel war» erzählt wird, den heiligen
Apostel unter sich gesehen zu haben …*

✳ DIE BÖSEN WIRTE UND IHRE ARGLOSEN GÄSTE

Geldgierig, verschlagen, betrügerisch – den Typus des bösen Gastwirts trifft im Codex Calixtinus *der geballte Zorn von höchster Instanz. In der Wundergeschichte um den geborgten Esel sagt kein Geringerer als der heilige Jakobus voraus, der Wirt aus Pamplona werde «von seinem Stuhl fallen und Pech haben». In der Tat bricht dieser sich im eigenen Haus den Hals. Die Episode dient dem Verfasser des* Codex Calixtinus *als Aufhänger zu einem Rundumschlag wider die Betrüger. Auch hier überlässt er dem Apostel selber das Wort: «Es seien für immer all die Herbergswirte verdammt, die sich ungerechterweise an meinem Weg niedergelassen haben und sich mit den Gütern ihrer Gäste, ob lebendig oder tot, bereichern.» Diese Güter müssten, so heißt es, abgeführt werden, wobei die Kirche an erster Stelle genannt wird.*

Der Codex-Verfasser führt viele Beispiele für das kriminelle Potenzial der Gastwirte gegenüber arglosen Gästen an. Zu den leichteren Fällen zählen mit Wasser verdünnter Wein, der Gebrauch falscher Maße und der Verkauf überteuerter Kerzen. Die Spanne reicht bis hin zum vorsätzlichen Tötungsdelikt. Erst der Gifttrunk, dann der Raub …

DAS WUNDER DES KLEINEN JAKOBUS IN DEN MONTES DE OCA

Die Geschichte um den großen und den kleinen Jakobus nahm zu Beginn des 12. Jahrhunderts in Frankreich ihren Anfang, wo sich ein Lebemann mit einer bodenständigen Frau vermählte. Endlich wollte er seinem Dasein einen rechten Sinn geben und eine Familie gründen, doch fiel er ein ums andere Mal in die Sünde zurück. Aus diesem Grund, so wird berichtet, blieb ihm die Nachkommenschaft versagt. Je mehr Jahre ins Land zogen, desto stärkte brannte der Wunsch nach einem Kind in ihm. Und wenn, dann möge es ein Sohn sein.

«Es bleibt mir nichts anderes übrig», sprach der Mann eines Tages still zu sich selbst, «als meine Sünden zu bekennen, Buße zu tun, zum Grab des Apostels zu ziehen und Jakobus mit meiner eigenen Stimme die Bitte nach einem Sohn anzutragen. Das wird auch im Sinne meines Weibes sein.»

Darauf pilgerte er nach Santiago de Compostela und reihte sich in die Scharen der Gläubigen aus aller Herren Länder ein, die in der Basilika wachten und weinten. Er betete, er entzündete Kerzen, er vergoss bittere Tränen.

«Jakobus, bitte, schenke mir einen Knaben», flehte er den Apostel an. «Ist es mein Ersuchen nicht wert, erhört zu werden?»

Nachdem der französische Pilger heil und gesund die Heimat erreicht hatte, ruhte er drei Tage und betete unablässig weiter. Dann näherte er sich seiner Frau und gab sich den ehelichen Pflichten hin. Der Vereinigung entsprang alsbald das ersehnte Kind. Voller Vorfreude spürte die Frau die Leibesfrucht und brachte einen Stammhalter zur Welt. In tiefer Dankbarkeit für die Hilfe des Apostels gaben sie dem Jungen den Namen Jakobus. Weitere Kinder bekam das Paar nicht.

Der kleine Jakobus wuchs zu einem prächtigen Knaben heran. Als er fünfzehn Jahre alt war, erschien er den beiden groß genug für ein lange gehegtes Vorhaben.

«Höre mir zu, mein Junge», sagte der Vater eines Tages zu seinem Sohn, «wir wollen mit dir und einigen Verwandten gemeinsam nach Santiago wandern und dir die Stätte deines Namenspatrons zeigen.»

Freudig sah der kleine Jakobus dem Aufbruch in die Ferne, dem großen Abenteuer entgegen. Die kleine Pilgergruppe setzte sich in Marsch und fand überall freundliche Aufnahme. Sie sahen die majestätischen Bergwelten der Pyrenäen, sie kamen durch Pamplona und Puente la Reina, sie kreuzten die Flüsse Arga und Ebro. Auf dem Weg nach Burgos machten sie in Villafranca Station, einem Örtchen, das einstmals Sitz eines Bischofs gewesen war und im Schatten der Montes de Oca lag, der Oca-Berge. Dort blieben sie über Nacht und schöpften neue Kräfte für den bevorstehenden Anstieg.

Beim morgendlichen Aufbruch aus Villafranca waren sie froh, in einer kleinen Gemeinschaft unterwegs zu sein, hatte man ihnen doch von gefährlichen Wegelagerern, unheimlichen Nebeln und Irrwegen in den Wäldern erzählt. Umso erstaunter waren die Pilger, dass sie gut durch die Berge kamen. Die Sonne schien, der Verlauf des Weges war deutlich auszumachen. Nichts schien den Tag und die Stimmung trüben zu können, bis das Verhängnis eintrat. Aus heiterem Himmel brach der Junge zusammen und verlor das Bewusstsein. Die Eltern waren umgehend zur Stelle, nahmen ihn auf, hielten die Hand auf die Stirn. Sie war fiebrig, der Atem ging flach. Am Wegrand bereiteten die

Verwandten eilig ein Lager aus Ästen, Gräsern und Laub. Behutsam betteten sie den Knaben auf den Boden, deckten ihn zu, versuchten ihm Wasser einzuflößen. All ihr Bemühen war vergebens. Der kleine Jakobus verstarb noch am selben Tag.

Im Angesicht ihres leblosen Jungen gerieten die Eltern außer sich vor Betrübnis. In Tränen aufgelöst waren sie wie von Sinnen, untröstlich und unfähig weiterzugehen. So verbrachten sie die anstehende Nacht in den Montes de Oca, hielten gemeinsam mit den Verwandten Totenwache. Das Wehklagen der Eltern nahm kein Ende, niemand vermochte sie zu beruhigen. So ging es bis tief in den nächsten Tag hinein, als man bereits begonnen hatte, alles für das Begräbnis vorzubereiten. Plötzlich nahm die Frau ihre verbliebenen Kräfte zusammen, schaute auf zum Himmel und richtete in ihrer ganzen Verzweiflung die Worte an den heiligen Apostel:

«Gütiger Jakobus, du, den der Herr mit so viel wundersamen Gaben bedacht hat!», rief sie. «Zeige, was in deiner Macht steht, beweise es jetzt und hier! Hilf uns aus unserer Not! Du hast uns einen Sohn geschenkt, nun gib ihn uns zurück! Jakobus, ich weiß, du kannst es, wenn du willst! Und wenn du es nicht willst, werde ich Hand an mich legen oder mich an der Seite meines Kindes lebendig begraben lassen!»

Dann verließ die Frau die Kraft. Sie war der Ohnmacht nahe und sank nieder.

«Schaut her, ein Wunder!», hörte sie jemanden sagen.

«Er lebt, fürwahr, er lebt», flüsterte ein anderer.

Als sich die Mutter ermattet aufrichtete, konnte sie kaum glauben, was sie sah. Um den aufgebahrten Körper des Kindes hatte sich ein kleiner Kreis gebildet. Sie beteten und priesen Gott und den heiligen Apostel. Mitten unter ihnen lag der Junge, die Augen aufgeschlagen.

«Mutter, Vater», brachte er benommen hervor, gerade so, als sei er aus einem tiefem Schlaf erwacht.

Nachdem er sich ein wenig erholt hatte, berichtete der kleine Jakobus von den Geschehnissen und einer langen Reise. Wie der heilige Apostel die entwichene Seele seit gestern im Schoße aufbewahrt und sie dem Körper heute auf Gottes Geheiß zurückgegeben habe. Er erzählte, wie leuchtend und herrlich das Himmelreich gewesen sei. Und wie ihn der große Jakobus gestützt und mit dem Arm den Verlauf des weiteren Weges nach Santiago gewiesen habe.

«So lasst uns keine Zeit verlieren und aufbre-
chen», schloss der Junge. «Ich möchte endlich an-
kommen.»

Und so geschah es.

✳ *Man habe niemals davon gehört, dass ein
Toter einen Toten ins Leben zurückgeholt habe,
rühmt der Verfasser des* Codex Calixtinus *das
Wunder. Dies belege, dass Jakobus «ganz sicher
mit Gott» lebe und dass jeder Heilige – ob vor
oder nach seinem irdischen Dahinscheiden – dank
Gottes Gabe einen Toten erwecken könne. Ein
ähnliches Mirakel zeichnet der Codex in einer Geschichte aus dem Jahr 1164 nach, bei der ein drei-
jähriges Kind dank Jakobus gerettet wird.*

✳ JAKOBUS ALS HELFER ZU LANDE UND AUF HOHER SEE

In allen Notlagen – nicht nur am Jakobsweg – durften Gläubige auf die Hilfe des Apostels hoffen. Ihren Dank drückten die glücklich Erhörten und Geretteten in Form von Pilgerfahrten aus, wie sie die Chroniken nachzeichnen. Häufig brachten die Ankömmlinge Weihegaben und reiche Geschenke nach Santiago de Compostela mit. Blicken wir auf einige dieser Pilger, so sehen wir den Ehrenmann Suero de Quiñones, der sich nach seinen siegreichen Kämpfen gegen andere Ritter 1434 an der Jakobswegbrücke über den Río Órbigo zum Apostelgrab begab und Jakobus ein goldenes Band vermachte. Der französische Silberschmied Louis de Thourotte überbrachte Mitte des 17. Jahrhunderts seinen Dank für die Hilfe des Heiligen bei einer fälschlich gegen ihn erhobenen Anklage und führte als Gabe eine Büste des heiligen Märtyrers Quintin mit. Der Beistand des Jakobus reichte bis hin in Spaniens Kolonialgebiete. Zumindest bezeugte dies ein Pilger wie Diego Flores de León, der sich 1626 für den Beistand bei der Verteidigung einer Festung im südamerikanischen Chile bedankte. Auf hoher See war der Heilige ebenfalls als guter Hirte zugegen, so wie 1103, als ein Schiff mit

Jerusalempilgern aus dem Heiligen Land zurück-
kehrte und in einen wütenden Sturm geriet. «Hei-
liger Jakobus, hilf uns», flehten die Wallfahrer,
wobei ein jeder im selben Atemzug gelobte, ent-
weder nach Santiago zu ziehen oder eine Münze
für die dortige Basilika zu spenden. Nachdem ein
französischer Ritter flugs das Geld eingesammelt
hatte, erschien ihnen der Apostel und besänftigte
die Wogen …

Ein Jahr später stand Jakobus einem anderen Jeru-
salempilger auf See bei, der im Augenblick, da er
am Bordrand seine Notdurft verrichtete, ins Was-
ser fiel. Drei Tage und drei Nächte lang zog der
Apostel den Gläubigen am Schopfe voran, bis er
einen sicheren Hafen erreichte. Ein ebenso glückli-
ches Ende nahm das Schicksal des Seemanns Fri-
sonius, den der Heilige vom Meeresgrund rettete.
Und das, obwohl dieser in Kettenpanzer, Wappen-
schild und Helm untergegangen war.

Als Dank für die Rettung aus Seenot von ihm
selbst und einigen Gefährten komponierte ein Bi-
schof eigens einen liturgischen Gesang, den er, an
den Apostel gerichtet, in Santiago vortrug: «Du,
der du denen hilfst, die dich in Gefahr anrufen, ob
auf dem Meer oder an Land, rette uns jetzt und
rette uns immer aus der Gefahr des Todes.»

DAS MÜNZENMIRAKEL

Überwältigt von den Eindrücken am Jakobsweg und den allseits berichteten Wundern
des Jakobus, traf einmal ein Pilger in Santiago de Compostela ein. Es war ein Kleriker aus
fremden Landen, der nicht nur des Lesens und
Schreibens, sondern vieler Sprachen kundig war. In
ihm keimte der innigste Wunsch, die Geschichten
um den heiligen Apostel und seine Mirakel in
Schriftform mit nach Hause zu nehmen, selbst
wenn es seine letzten Geldreserven erforderte und
er auf dem Rückweg darben müsste. Fest entschlossen suchte er in Santiago einen Lohnschreiber auf
und bat ihn, die überlieferten Erzählungen festzu-
halten und als Büchlein zu gestalten. Dies erfordere
beträchtlichen Aufwand und habe seinen Preis, der
sofort zu entrichten sei, entgegnete der Schreiber. Er
witterte ein gutes Geschäft und forderte zwanzig
Münzen, eine gewaltige Summe, die dem Geistlichen tatsächlich kaum etwas übrig ließ für den an-
stehenden Rückweg. Trotzdem willigte er ein.

Der Schreiber machte sich an die Arbeit und er-
stellte ein Buch, das genau den Vorstellungen des

Klerikers entsprach. Als er das fertige Werk in Händen hielt, erfüllten Stolz und tiefes Glück den Pilger. Behutsam strich er mit der Fingern über den ledernen Einband und betrachtete eingehend Seite für Seite. Kurz vor seinem Abschied aus Santiago besuchte der Kleriker noch einmal die Basilika des Jakobus, in Händen das Buch, das er hütete wie seinen Augapfel. Umgeben vom Widerhall der Gesänge und dem Gemurmel der anderen Gläubigen, stellte er sich in ein stilleres Eck und schlug den wertvollen Band auf. Er spürte, so meinte er, die leibhaftige Gegenwart des Heiligen und vertiefte sich ganz besonders in die Geschichten. Dann klappte er das Buch zu und schloss kurz die Augen. Als er sie wieder öffnete, erstarrte er. War es zu glauben, was er dort sah? Auf dem Buchdeckel lagen zwanzig Münzen …

✳ *In einem mittelalterlichen Codex, dem* Liber Abbatis, *wird Jakobus durch das Münzenwunder als «guter Zahler» herausgestellt. Er sei nicht nur ein großzügiger Belohner, was himmlische Gaben betreffe, sondern auch bei irdischen Dingen, so heißt es dort.*

DER VERGESSLICHE PILGER UND DIE VERHÄNGNISVOLLEN STRAFEN

Es war einmal ein gewisser Francisco, der aus einem Dorf der spanischen Diözese Cuenca stammte und um 1590 das Licht der Welt erblickte. In jungen Jahren trat er in den Kriegsdienst ein und befand sich eines Tages auf der Überfahrt nach Italien, als das Schiff von einer Flotte der Türken attackiert und gekapert wurde. Er geriet in Gefangenschaft, wurde nach Konstantinopel geschafft und verbrachte lange Zeit gefesselt in Kerkern. Auf Dauer zermürbte die Haft seinen Körper, sein Leben stand auf Messers Schneide. Francisco flehte den heiligen Jakobus um Beistand an und gelobte, bei erfolgreicher Rettung zu seinem Grabe nach Santiago de Compostela zu pilgern. Er entkam, doch das Versprechen der Pilgerschaft hielt er nicht. Außerdem vernachlässigte er seinen Glauben.

Die Jahre zogen ins Land. Francisco ließ sich in Italien nieder und stieg in der militärischen Rangfolge immer weiter auf, was ihm erlaubte, von seinem Lohn in der Nähe von Parma ein kleines Anwesen zu kaufen. Er ehelichte eine Einheimische, Maria, die ihm zwei gesunde Kinder gebar. In der Nacht vom vierundzwanzigsten auf den fünfundzwanzigsten Juli des Jahres 1623, als es auf den Gedenktag des Jakobus zuging, brach großes Unheil über die Familie herein. Aufgeregte Schreie rissen das Elternpaar aus dem Schlaf.

«Feuer! Ein Feuer!», drang es von draußen her.

Ihr Haus stand licherloh in Flammen. Türen und Fenster waren versperrt. Es gab, so schien es, kein Entrinnen.

«Jakobus», schoss es Francisco durch den Kopf, und er entsann sich seines unerfüllten Gelübdes. Dann schrie er, so laut er konnte: «Jakobus, ich bitte dich, verschone uns! Wenn du mich vor dem Übel bewahrst, werde ich nach Santiago ziehen, wie versprochen!»

Darauf erschien eine geheimnisvolle Gestalt in Pilgerkluft, in seinen Händen einen Stab und um den Leib ein wallendes Gewand, und löschte den Brand.

Francisco und Maria überlebten, aber die Kata-

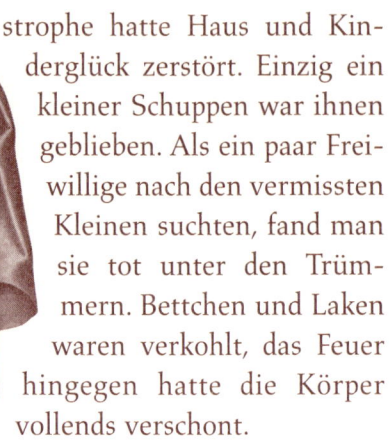

strophe hatte Haus und Kinderglück zerstört. Einzig ein kleiner Schuppen war ihnen geblieben. Als ein paar Freiwillige nach den vermissten Kleinen suchten, fand man sie tot unter den Trümmern. Bettchen und Laken waren verkohlt, das Feuer hingegen hatte die Körper vollends verschont.

«Ein Wunder», sagte einer der Helfer. Dann bekreuzigten sich alle, die dabeistanden. Später ließ der Graf der Gegend an selber Stelle eine Jakobuskapelle erbauen.

Einige Nachbarn stützten die gebrochenen Eltern Francisco und Maria, die im Laufe des Jakobustages zur nächstgelegenen Kirche gingen. Es war ihr Wunsch, nach langer Zeit wieder einmal an einem Gottesdienst teilzunehmen.

«Da!», stammelte Francisco und deutete mit zittrigen Fingern auf eine kleine Skulptur in der Kirche. «Er war es, der letzte Nacht die Flammen gelöscht hat!»

Das Bildnis zeigte den heiligen Jakobus als Pilger.

Es dauerte nicht lange, bis Francisco und Maria zur Pilgerschaft nach Santiago aufbrachen. In Spanien kamen sie durch Barcelona und Tarragona und durchstreiften des Mannes alte Heimat Cuenca, wo sie länger Station machten und sich ihnen ein Vetter Franciscos, Sebastián, anschloss. Im April des Jahres 1624 erreichten sie Santiago, legten die Beichte ab und umarmten das Bildnis des Apostels in der Kathedrale. Auf dem Rückweg versagten dem Pilgerpaar an einer Brücke die Beine. Die Lähmung setzte unverhofft ein. Beide konnten keinen Schritt mehr vorwärts tun. Alle Versuche waren vergebens, auch die Hilfe Sebastiáns nützte nichts. Eher zufällig drehte sich Francisco um und spürte, wie sich seine Gliedmaße federleicht in Richtung Santiago in Marsch setzten. Maria erging es genauso.

«Wir haben vergessen, in Santiago eine Opfergabe darzubringen!», kam es Francisco in den Sinn.

In der Kathedrale holten die beiden ihr Versäumnis nach und kehrten ohne weitere Zwischenfälle heim.

DIE GESTRECKTEN
GLIEDER

Im Gebiet des Burgund lebte einst ein ehren-
werter Herr namens Guibertus, der seit seiner
Jugend an verkrüppelten Beinen litt. Er mochte vierzehn Jahre alt gewesen sein, als er spürte,
wie sich die Gliedmaße zu verformen begannen
und ihm nicht mehr gehorchten. Obgleich es der
Familie nicht an finanziellen Mitteln mangelte,
fand er keinen Arzt, der imstande war, ihm zu helfen. Nach kurzer Zeit war Guibertus nicht mehr
fähig zu gehen und auf Krückstöcke und Begleiter
angewiesen, doch besaß er einen starken Willen.
Mit fremder Hilfe gelang es ihm, sich auf den Rücken eines Rosses heben zu lassen und für längere
Zeit oben zu halten. Im Erwachsenenalter entschloss er sich eines Tages, zu Pferde nach Santiago aufzubrechen, um zu sehen, was in der Macht
des Apostels stand. Würde der Heilige auch ihn
von seinem Leid befreien können, wie es ihm von
vielen anderen zu Ohren gekomen war?

Guibertus reiste in Begleitung seiner Frau und

mehrerer Knechte und traf nach Wochen wohlbehalten in Santiago ein. Um dem Apostel von Anbe-
ginn seines Aufenthaltes ganz nahe zu sein, wollte
er nirgendwo anders absteigen als im Jakobusspital,
das gleich bei der Basilika lag. In der Nacht nach
seiner Ankunft vernahm er im Traum eine Stimme:

«Suche gleich am Morgen die Kirche des Heiligen auf. Dort setze dich hin und wache und ver-
harre so lange im Gebet, bis Jakobus sich deiner
angenommen hat.»

Er tat, wie ihm aufgetragen. In blindem Vertrauen wachte und betete Guibertus den ganzen
Tag und die ganze Nacht, den zweiten Tag und die
zweite Nacht, den dritten Tag. In der dritten Nacht
trat ein fremder Mann in einem schillernden Gewand zu ihm heran.

«Wer bist du?», fragte Guibertus.

«Ich bin der, den du aufgesucht hast, der Apostel des Herrn», antwortete Jakobus, «ich habe deine Glieder gestreckt.»

Dann reichte er ihm die Hand und sagte:

«Und nun stehe auf und gehe.»

Guibertus erhob sich, trat auf und ging umher.

Er blieb dreizehn weitere Nächte in der Kirche
und erzählte jedem das Unfassbare. Dann kehrte
er mit den Seinen nach Burgund zurück.

✳ AM ZIEL

Glücklich und gerührt, kraftlos, beflügelt. Wer nach langer Pilgerschaft kurz vor Santiago de Compostela steht, erlebt ein Wellenbad der Gefühle. Heute wie damals markiert ein grüner Höhenzug den letzten Abschnitt und gibt den Fernblick auf die Kathedraltürme frei: der Monte do Gozo, «Berg der Freude». Ein modernes Denkmal zeigt zwei jubelnde Wallfahrer mit hoch erhobenen Händen – durchaus ein Abbild der Realität. Pilger, die im Mittelalter in Grüppchen hier eintrafen, stürmten häufig die letzte Anhöhe hinauf; der Sieger nannte sich «Pilgerkönig». Im 17. Jahrhundert beschrieb der italienische Pfarrer Domenico Laffi, wie er und seine Gefährten auf dem Monte do Gozo ankamen: «Als wir es [das ersehnte Santiago] sahen, fielen wir auf die Knie und fingen vor Freude zu weinen an und das ‹Te Deum› zu singen.» Allerdings sei der Strom der Freudentränen und das Schluchzen so groß gewesen, dass es nur mit Mühe gelang, ein paar Verse vorzutragen, so Laffi.

Im Herzen von Santiago geben Traditionen und Baukunst die Wege vor. Ziel der Ziele ist die Kathedrale, wo sich in Heiligen Jahren die Heilige Pforte öffnet und himmelsstürmender Barock die

ursprüngliche Westfassade verdeckt. Dahinter empfängt ein sitzender Jakobus all seine Besucher im romanischen Pórtico de la Gloria, *dem «Tor der Herrlichkeit» des Meisters Mateo.* Man geht hinab zum Jakobusgrab, steigt zur Umarmung der Apostelfigur in den Hochaltar auf, nimmt an der Pilgermesse teil. Ankunft heißt auch baldiger Abschied. Wer als Gläubiger in Santiago eintrifft, kommt jetzt oder später bei sich selber an …

DER SÜNDER UND DAS LEERE PERGAMENT

In Italien lebte einmal ein Mann, dessen Gewissen unter einer grausamen Straftat lastete. Er wünschte, er könne das Verbrechen ungeschehen machen, und fand lange Zeit nicht den Mut, es zu beichten. Als er sich eines Tages durchrang, sein Sündenbekenntnis abzulegen, war der Pfarrer seiner Heimatgemeinde ob der Schwere des Vergehens bestürzt. Vergleichbares hatte er nie gehört, so dass er sich nicht getraute, dem Sünder die Lossprechung zu erteilen. Nicht einmal der Bischof wusste Rat. Am Ende schrieb der Pfarrer das Delikt mit kratzender Feder auf ein Pergament, schickte den Sünder auf den Jakobsweg nach Santiago und trug ihm Folgendes auf:

«Dieses Schrifstück überbringe dem dortigen Bischof Theodomir und beuge dich seiner Urteilskraft. Und erbitte von ganzem Herzen die Hilfe des heiligen Apostels.»

In tiefer Reue trat der Sünder seine Wallfahrt an, versenkte sich täglich in Gebete und bürdete sich Buße auf. Er ging barfuß, wählte die schwersten Wegstrecken, nächtigte auf den härtesten Böden, half den Ärmsten und Bedürftigsten und nahm nur so viele Mahlzeiten zu sich, wie er eben brauchte. Während er seine Gesundheit und seinen Zustand nicht schonte, hütete er das Pergament wie einen wertvollen Schatz und gab größte Acht, dass es nicht durch Nässe in Mitleidenschaft gezogen würde. Als er in Santiago eintraf, suchte er ohne Zögern die Basilika auf, wo zu dieser Zeit die feierlichen Vorbereitungen für den Gedenktag des Jakobus im Gange waren. Inniglich beweinte der Sünder sein Vergehen und rief Gott und den Apostel um Gnade an.

Man schrieb den 25. Juli, den Festtag des Heiligen, als der reumütige Pilger das Pergament am frühen Morgen stillschweigend auf dem Altar ablegte. Er wartete unruhig ab und spürte die Stunden quälend langsam verstreichen, bis der Bischof mit feierlichen Schritten einzog und zum Altar hinüberging, um den Gottesdienst zu beginnen. Erstaunt entdeckte Theodomir das Pergament und fragte, von wem dies stamme und aus welchem Grund es dort hinterlegt worden sei. Umgehend gab sich der Sünder zu erkennen, fiel vor dem Würdenträger auf die Knie und flehte ihn

schluchzend an, er möge darin von seiner schreck-
lichen Missetat lesen und über ihn richten. Während er zitternd zu Füßen des Bischofs verharrte
und nicht aufzusehen wagte, öffnete dieser vor aller Augen das Schriftstück. Theodomir blickte ver-
wundert, drehte und wendete es, besah es von hinten und vorne. Das Pergament war leer, kein
einziger Buchstabe zu sehen. Weise lächelnd kam
dem Bischof die Erkenntnis, dass der Herr dem
aufrechten Büßer, unter Fürsprache des Apostels
Jakobus, vergeben hatte. Losgesprochen von seinen Sünden, schickte Theodomir den Pilger zurück in die Heimat und trug ihm
einzig auf, von nun an frei-
tags zu fasten.

DAS TODESRINGEN
DES EHRENMANNS

In frommer Eintracht machten sich einmal drei Ehrenmänner aus der Diözese Lyon zu Pferde nach Santiago auf. In der Heimat unterstanden sie einem gewissen Girinus, den man den «Kahlköpfigen» nannte und dem zu Recht der Ruf eines hartherzigen Herrschers anhaftete. Über ihren aufrichtigen Glaubensantrieb hinaus war der lang gehegte Wunsch der Pilgerschaft ein guter Anlass, der Mühsal des Alltags eine Zeit lang zu entfliehen.

Unterwegs trafen die drei Gläubigen eine Pilgerin, die ein schweres Bündel mit sich schleppte und die Reiter anhielt.

«Ich bitte euch, im Namen der Liebe zum heiligen Apostel, nehmt diesen Sack zu eurem Gepäck und erleichtert mich von meiner Last», bat sie. «So komme ich schneller voran und werde am Abend wieder zu euch stoßen.»

Mitleidig nahm einer der Drei das Bündel auf sein Pferd und ritt mit seinen Gefährten so lange voraus, bis sie eine geeignete Bleibe für die Nacht fanden. Zu später Stunde traf auch die Pilgerin ein und nahm das Nötigste aus ihrem Bündel. Bevor sie am Morgen mit dem ersten Hahnenschrei aufbrach, bat sie den Ehrenmann wieder, ihren Sack auf dem Ross mitzunehmen. So ging es Tag für Tag.

Kurz hinter den Ausläufern der Pyrenäen, auf der Strecke zwischen Viscarret und Pamplona, stießen die Reiter eines Morgens auf einen anderen Pilger, der erschöpft am Wegesrand saß.

«Ich bitte euch, habt Erbarmen», flehte er die drei Männer an, «gebt mir eines eurer Pferde. Ich bin schwer erkrankt und kann aus eigener Kraft nicht mehr weiterziehen nach Santiago. Andernfalls werde ich sterben.»

Erneut überkam den einen Ehrenmann als Erstes das Mitgefühl. Er stieg ab, überließ dem Bedürftigen sein Pferd und nahm dessen Wanderstab an sich. Um seine Gefährten und deren Tiere nicht zu belasten, schulterte er das Bündel der Pilgerin und trug es voran.

«Mir sind diese Prüfungen auferlegt worden, ich muss sie bestehen», dachte der Gläubige, wohl wissend, dass er sich in seinem Leben nicht immer rechtens verhalten hatte. Mit eisernem Willen schaffte er es zu Fuß bis Santiago, doch die Strapazen und die Hitze waren nicht spurlos an ihm vorübergegangen. Er blieb im Quartier zurück, während seine Gefährten die Basilika von Santiago aufsuchten und den Apostel um die baldige Gesundung des Freundes baten.

Nichts geschah, ganz im Gegenteil. Der Zustand des Erkrankten verschlechterte sich und ließ das Schlimmste befürchten. Unablässig wachten die beiden Kameraden an seiner Seite und hielten ihn vor dem drohenden Ende zur Beichte an. Als der Bettlägerige dies hörte, wandte er sich sprachlos ab. Drei Tage lang nahm er keine Nahrung mehr auf, gab keinen einzigen Ton von sich und dämmerte wie in Fieberträumen dahin. Ein ums andere Mal wälzte er sich von einer Seite auf die andere und schien mit dem Tode zu ringen. Seine Gefährten fürchteten um die Rettung seiner Seele. Als sie glaubten, die letzte Stunde wäre gekommen, da richtete sich der Kranke unverhofft auf und sprudelte die Worte nur so hervor:

«Dank sei Gott dem Herrn und dem heiligen Apostel Jakobus! Hört, als ich im Stillen glaubte, ich müsse endlich meine Sünden bekennen, war plötzlich eine Schar von schwarzen Dämonen um mich. Die einen pressten mir die Zunge zusammen, andere verbanden mir die Augen, die nächsten warfen meinen Körper hin und her, wieder und wieder. Aber auf einmal, kurz bevor ich erwachte, stand Jakobus da! In der linken Hand trug er das Bündel der Pilgerin, in der Rechten den Wanderstab des Bedürftigen. Den Stock hielt er wie eine Lanze und den Sack wie einen Schild und stürmte wütend auf die Teufel los, um mich aus ihrer Gewalt zu befreien! Sie rannten weg, der Heilige hinterher, von einer Ecke zur nächsten. Dann verschwanden sie und Jakobus auch. Und hier bin ich wieder bei euch!»

Atemlos hielt der Kanke inne und spürte eine tiefe Erleichterung.

«Endlich bin ich bereit», sagte er. «Holt rasch einen Priester heran, der mir die Sterbesakramente erteilt.»

Einer der Gefährten eilte fort, der andere blieb. Da griff der Kranke seinen Arm, zog ihn zu sich heran und flüsterte mit letzter Kraft:

«Höre zu, treuer Freund, diene nicht mehr unserem Girinus, dem gnadenlosen Kahlköpfigen. Er ist verdammt und wird bald ein unglückliches Ende erleiden.»

Nachdem der Ehrenmann in Santiago selig verschieden war, kehrten seine Weggenossen in die Heimat zurück. Kurz darauf fand Girinus in einem Lanzenduell mit einem anderen Ritter den Tod.

DAS ENTSTELLTE GESICHT

Es ist nicht mehr zu klären, ob es auf dem Hin- oder Rückweg aus Santiago geschah, doch eines Tages gerieten an der Via Turonensis bei Poitiers in der Nähe eines Flusses ein Jakobspilger, seine Frau und einige Gefährten in einen Hinterhalt. Obgleich sie nur wenige Habseligkeiten besaßen und alles andere als den Eindruck Begüterter erweckten, sprangen in einem einsamen Waldstück bewaffnete Männer hervor und versperrten ihnen den Pfad. Kopf der Bande war der Sohn eines französischen Grafen, eine düstere Existenz, den seine Familie vor langer Zeit verbannt hatte.

«Was wollt ihr von uns? Wir haben nichts!», rief der Pilger und versuchte seine Angst zu unterdrücken.

«Ruhe!», herrschte ihn der Anführer der Bande an, musterte das Grüppchen und fuhr sich genüsslich mit der Zunge über die Lippen. «Was heißt denn hier nichts?»

Aus der Ferne bereits hatte es der verstoßene Adelige nicht auf die spärlichen Bündel, sondern auf die Pilgerin abgesehen. Was er nicht freiwillig bekam, würde er sich, wie immer, mit Gewalt holen. Die Frau funkelte ihn böse an, ahnte seine Absicht und ergriff die Flucht. In Panik rannte sie den Weg zurück.

«Ihr bewacht die anderen, ich hole sie mir!», befahl der Anführer seinen Komplizen und jagte hintendrein.

Der Vorsprung der Pilgerin schmolz. Sie erreichte den Fluss in der Nähe, zögerte keinen Augenblick und stürzte sich hinein, obgleich sie nicht schwimmen konnte. Der Grafensohn stürmte hinterher und hatte ein Leichtes, sie zu packen.

«Lieber will ich sterben als entehrt zu werden!», rief die Frau ihm zu und setzte alles daran, sich aus dem festen Griff zu befreien.

«Was denkst du von mir? Glaubst du, ich bin kein Mann von Anstand?», fragte er mit falscher Zunge. «Wenn du dich von mir retten lässt, gebe ich dir mein Ehrenwort, dich nicht anzurühren und lasse euch ziehen.»

Die Pilgerin glaubte seinem Versprechen, ließ sich von dem Mann aus den Fluten ziehen und zu den anderen zurückbegleiten.

«Du hast vergessen, dein nasses Kleid auszuziehen!», stieß der skrupellose Grafensohn plötzlich aus, lachte höhnisch und packte die Pilgerin von hinten. Einen Arm legte er um ihre Kehle, mit dem anderen riss er ihr den Stoff vom Leibe. Dann schändete er die Frau vor den Augen ihres hilflosen Gemahls und der Mitpilger.

«Und nun ist die Reihe an euch!», forderte der Anführer seine Gehilfen am Ende auf.

Kurz darauf – er und die Seinen waren geflüchtet und hatten sich für einige Zeit getrennt – strich der Grafensohn mit den Händen über sein Kinn, als er auf einmal stockte. Was war das? Was spürte er? Warum zuckten die Muskeln um seinen Mund? Ober- und Unterlippe verschoben sich zu den Seiten, Stirn und Wangen beulten sich aus, die Nasenflügel weiteten sich, die Augen traten hervor. Das Gesicht verzog sich zu einer grässlich entstellten Fratze, aus der die Zunge lappte und sich nicht mehr einziehen ließ. Am sechsten Tage nach dem Verbrechen hauchte der Unhold sein nutzloses Leben aus …

DER PILGER UND
DAS FRISCHE BROT

Im Jahre 1139 kehrte ein französischer Pilger namens Bruno aus Santiago de Compostela in seine Heimat nach Vézelay zurück. Das Schicksal hatte ihm übel mitgespielt, denn er stand völlig mittellos da. Er war auf milde Gaben angewiesen, sein muschelverzierter Brotbeutel hing ihm seit geraumer Zeit leer um den Leib. Bruno entstammte einer wohlhabenden Familie und verabscheute so sehr die Bettelei, dass er freiwillig darbte und die Gesellschaft anderer mied. Nachts verkroch er sich abseits des Pilgerpfades unter Büschen und Felsüberhängen, über Tag ging er Entgegenkommenden soweit wie möglich aus dem Weg. Erst wenn der Hunger nicht mehr auszuhalten war und sein Magen sich vor Schmerzen verkrampfte, wanderte er in die Orte hinein und bat hie und da voller Scham um einen Bissen Brot. Er mochte fünfzehn Tagesmärsche von Vézelay entfernt sein, als er eines Mittags aufs Neue einen einsamen Winkel aufsuchte. Seit dem Vortag hatte er nichts gegessen, nun spürte er die Strapazen umso stärker und brauchte dringend eine Rast. Bruno hoffte auf den Schlummer, der den Hunger eine Weile barmherzig überspielte, und legte sich unter einen Baum.

«Jakobus, hilf mir», bat Bruno leise, bevor er einschlief.

Er träumte, wie der heilige Apostel ihm die herrlichsten Speisen zukommen ließ, wie er gar nicht mehr aufhören konnte, dies und jenes zu kosten. Als Bruno erwachte, vermeinte er den Duft von frischem Brot zu riechen. Er richtete sich auf, blinzelte in die Nachmittagssonne und griff nach seinem Brotbeutel – doch warum fühlte er sich so voll und warm an? Aufgeregt griff er hinein und fand tatsächlich ein frisch gebackenes Brot.

«Wer mag mir das zugesteckt haben?», fragte sich Bruno und schaute sich suchend um, doch ehe ihm eine Antwort einfiel, biss er bereits in die Kruste hinein. Ausgehungert verschlang er den ganzen Laib und brach gestärkt auf. Nun fand er täglich nach der Mittagsrast ein Brot in seinem Beutel vor und aß sich satt. Die verbleibenden fünfzehn Tage bis nach Hause vergingen ihm wie im Fluge.

DIE HEILENDE
MUSCHEL

Im fernen Apulien wurde ein Ritter im Jahre 1106 von einer rätselhaften Krankheit befallen. Ihm schwoll nach und nach der Hals an. Besorgniserregend begann sich die Haut über den Schlund und den Adamsapfel zu wölben, im Innern verengten sich Luft- und Speiseröhre. Es sah ganz so aus, als stecke unterhalb des Kopfes ein Schlauch voller Luft. Er konnte kaum mehr schlucken, das Atmen fiel ihm schwer, die Schmerzen wurden unerträglich. Längst hatte er nach den besten Ärzten der Gegend verlangt, doch niemand, der ihn sah, wusste Rat. In seiner Not vertraute sich der Ritter dem heiligen Jakobus an. Obgleich er niemals selber auf Wallfahrt zum Grab des Apostels gewesen war, so hatte er doch von dessen Wunderkräften gehört und von den großen Muschelschalen, die die Pilger nach dem erfolgreichen Abschluss ihrer Reisen aus Santiago de Compostela mitbrachten.

«Könnte ich solch eine Jakobsmuschel bekom-

men, so würde ich si-
cher gesunden»,
sagte er still in
sich hinein und
schickte die Sei-
nen auf Suche.
Tatsächlich wurde
man in der Ge-
gend bei einem zu-
rückgekehrten Pilger
fündig und brachte die
Muschel zu dem Erkrankten.
Dankbar nahm der Ritter die Schalen-
hälfte entgegen, betrachtete eingehend die Mase-
rungen, fuhr behutsam mit den Fingern über die
glatte Innenseite und das gerippte raue Äußere.
Dann umfasste er die Jakobsmuschel mit beiden
Händen und legte sie vorsichtig auf seinen Hals.
Innerhalb kürzester Zeit ließ der Schmerz nach.
Die Schwellung ging zurück und verschwand. In
tiefer Dankbarkeit zog der wundersam Gesundete
kurz darauf zum Apostelgrab nach Santiago.

DER SCHWARZE
JAKOBUS

Jakobus, der Schutzheilige aller Santiago-Pilger, vollbrachte viele weitere Wunder. Er war Namensgeber von Dörfern und Kirchen und stachelte Bildhauer zu meisterhaftem Figurenwerk an. In Puente la Reina, dort, wo sich die Französische und Aragonesische Pilgerroute im historischen Siedlungsgebiet der Basken zum Hauptjakobsweg vereinten, bekam ein pilgernder Jakobus einen Ehrenplatz in der Jakobskirche. Es war ein sorgsam gefertigtes Bildnis, geschnitzt und in leuchtende Farben gefasst, mit golden glänzendem Umhang, einem Wanderstab in der Hand, dem Hut mit der Jakobsmuschel. Die Skulptur erfüllte die Gläubigen in Puente la Reina mit Stolz. Umso mehr erschütterte sie eines Tages das Gerücht, dass ein feindlicher Angriff drohte. Die Mauren, so hieß es, könnten in Kürze einfallen und alles schänden, was mit dem Christenglauben zusammenhing. Die Dorfbewohner trafen Vorsorge und machten sich bereit, ihre Siedlung vorübergehend zu verlassen.

«Was soll mit unserem Jakobus werden?», fragte einer.

«Wir nehmen ihn mit und verstecken ihn», sagte der nächste.

Die kräftigsten Männer trugen die Figur, die größer war als die meisten von ihnen, aus der Kirche. Dann warteten sie den Abend ab und schleppten ihren Heiligen im Schutz der Dunkelheit über Hügel und Felder, bis einer der Männer glaubte, einen geeigneten Platz gefunden zu haben. Erleichtert luden sie ihre Last ab, griffen zu mitgebrachten Schaufeln und hoben den Boden aus. Am Ende standen sie rund um ein großes Loch, legten Jakobus hinein und bedeckten ihn mit Erde. Die Nacht verwischte die Spuren, der Lauf der Zeiten die Erinnerung an die genaue Lage des Verstecks …

Jahre später ging das Leben in Puente la Reina seinen gewohnten Gang. Pilger zogen durch den Ort, vorbei an der Kreuzkirche und der Jakobskirche, bis sie hinter den Mauern die berühmte Flussbrücke über den Río Arga kreuzten. Die Gefahren maurischer Invasionen waren gebannt, aber es herrschte allseits Betrübnis um die Figur des Heiligen. Alle Mühen, sie aufzufinden, waren vergebens – bis eines Tages das Wunder eintrat, als ein Bauer seiner Feldarbeit nachging und mühsam den Grund bestellte. Der Mann, ein frommer Baske, fühlte sich auf einmal zu einer Stelle am Rande des Ackers hingezogen und erhob den Spaten. Ihm war, als lenkten fremde Kräfte seinen Arm, der die Schaufel immer tiefer in den Boden fahren ließ. Dann stieß er auf einen harten Gegenstand und legte ihn frei. Er erkannte eine große Holzfigur, umhüllt von verkrusteter dunkler Erde.

«Beltza», sagte der Bauer leise, als er das Bildnis sah, «beltza.» *Beltza*, ein baskisches Wort, bedeutete «schwarz». Jakobus war wiederentdeckt und kam zurück in seine Kirche nach Puente la Reina. Der Volksmund gab ihm den Namen *Santiago Beltza*, «schwarzer Jakobus».

✳ *Der* Santiago Beltza *ist eine gotische Skulptur, die in der Jakobskirche von Puente la Reina auf einem Sockel gegenüber dem Eingang thront. Schwarz ist Jakobus heute nicht mehr, allenfalls dringt eine leichte Brauntönung durch.*

✳ BITTERE LEHREN

Nicht jedes Wunder, das mit dem Jakobs-weg und Jakobus verbunden war, nahm ein glück-liches Ende. Wer die Pilgerschaft, den Willen oder gar den Festtag des Heiligen missachte, müsse mit «göttlicher Rache» rechnen, heißt es im Codex Calixtinus. *Es mangelt nicht an Mirakeln mit exemplarischen Strafen und zuweilen tödlichem Ausgang …*

In Tudején, einem spanischen Festungsörtchen, überging ein Bauer einmal den Feiertag des Jako-bus, indem er von morgens bis abends Weizen drosch. Bei Einbruch der Dämmerung begab er sich ermüdet in die Bäder neben dem alten mau-rischen Kastell. Als er Platz nahm und sich an-lehnte, heftete sich seine Haut von den Schultern bis zu den Beinen an die Wände und blieb so lan-ge kleben, bis er sein Leben aushauchte. Nicht besser erging es in der Gascogne einer ganzen Dorfgemeinschaft, die am Gedenktag des Heili-gen ihre Arbeit verrichtete. In der Nacht fegte ein Feuer die Häuser und Menschen hinweg. Eben-falls ein Raub der Flammen wurden der Ochsen-karren und die Tiere eines gewissen Bernhard, der nicht auf den Rat seiner Nachbarn hörte und in einem zur Diözese Besançon gehörigen Dorf den ganzen Tag lang Weizen einfuhr. In einem ähnlichen Fall aus demselben Landstrich erblindeten die Ochsen des Karrenlenkers Arduinus. Ihre Lektion bekam auch eine Bäuerin aus der Gegend um Montpellier, als sie es am Jakobstag wagte, auf Weisung eines Ritters ein Brot zu backen. Einzig der gehörige Appetit, nicht die Not gab den Anstoß. Als man das Brot auf die Tafel trug und aufschnitt, trat vor den entsetzten Augen der Tischgenossen Blut hervor. Und je mehr man es zu schneiden versuchte, desto stärker blutete das Brot ...

Um das Brot als milde Gabe für einen Jakobspilger dreht sich eine Episode aus Galicien. Eines Tages hielt ein erschöpfter Wanderer an einem Haus an, klopfte und bat um etwas zu essen. Die Frau, die öffnete, sagte, sie habe nichts, obgleich ein Brot in der warmen Asche lag. Da entgegnete ihr der Pilger: «Hoffentlich verwandelt sich das Brot, das du hast, in einen Stein!» Als er verschwunden war und die Frau zurück zur Feuerstelle ging, um gierig ihr Brot zu nehmen, fand sie nichts weiter vor als einen runden Stein. In tiefster Reue lief sie hinter dem Wallfahrer her, doch blieb er unauffindbar. Ob hier der heilige Apostel selbst als Pilger unterwegs war und die Menschen auf die Probe stellte ...?

An der Via Turonensis, dem Jakobsweg über Tours und Saintes, trug es sich einmal zu, dass zwei französische Ehrenmänner ohne Habe aus Santiago de Compostela zurückkehrten. Um der Liebe Gottes und des heiligen Jakobus willen baten sie in Poitiers um ein Obdach. Sie zogen von Haus zu Haus und wurden überall abgewiesen. Zu guter Letzt bot ihnen ein Armer in seiner kärglichen Hütte Unterschlupf. In der Nacht vernichtete ein Brand all jene Anwesen, in denen die beiden Pilger vergebens um ein Lager gebeten hatten. Deshalb müsse man wissen, so der Codex Calixtinus *im Mittelalter, dass alle Jakobuspilger, ob reich oder arm, ein Recht auf Gastfreundschaft und angemessene Aufnahme haben …*

BILDQUELLEN

Wo nicht anders nachgewiesen, stammen die den Abbildungen zugrunde liegenden Fotografien vom Autor des Buches © Andreas Drouve. Alle Rechte vorbehalten